박시백의 조선왕조실록

11

광해군일기

일러두기
2024 어진 에디션은 정사 《조선왕조실록》을 바탕으로 한 이 책의 특징을 드러내고자
어진과 공신화에서 모티브를 얻어 박시백 화백이 새롭게 표지화를 그렸다. (표지화 인물: 광해군)

박시백의
조선왕조실록

The Veritable Records of
the Joseon Dynasty
11
The Daily Records of
Gwanghaegun

광해군일기

Humanist

머리말

　　외환위기가 한창이던 때였다. 어쩌다가 사극을 재미있게 보게 되었는데 역사와 관련한 지식이 너무도 부족한 자신을 발견하게 되었다. 그도 그럴 것이 젊은 날에 본 역사서는 근현대사가 대부분이었고, 조선사에 대한 지식이라고는 중·고교 시절에 학교에서 배운 단편적인 것들이 거의 전부였다. 당시 나는 신문사에서 시사만화를 그리고 있었다. 다행히 신문사에는 조그만 도서실이 있었는데, 틈틈이 그곳에서 난생처음 조선사에 대한 여러 책을 접할 수 있었다.

　　조선사, 특히 정치사는 흥미진진했다. 거기에는 우리에게 익숙한 수많은 역사적 인물의 신념과 투쟁, 실패와 성공의 이야기가 있었고, 《삼국지》나 《초한지》 등에서 만나는 극적인 드라마와 무릎을 치게 하는 탁월한 처세가 있었다. 만화로 그리면 재미있겠다는 생각이 들었다. 몇 권 더 구해 읽다 보니 한 가지 궁금증이 생겼다. 어디까지가 정사에 기록된 것이고 어느 부분이 야사에 소개된 이야기인지가 모호했다. 이 대목에서 결심이 섰던 것 같다. 조선 정치사를 만화로 그리자, 그것도 철저히 《실록》에 기록된 정사를 바탕으로 그리자.

　　곧이어 다니던 신문사를 그만두고 《국역 조선왕조실록 CD-ROM》을 구입했다. 돌이켜보면 참 무모한 결심이었다. 특정한 출판사와 계약한 것도 아니고, 《실록》의 한 쪽도 직접 본 적 없는 상태에서 작업에 전념한다는 미명 아래 회사부터 그만두었으니. 내 구상만 듣고 아무 대책 없는 결정에 동의해준 아내에게도 뭔가가 씌었던 모양이다. 궁궐을 찾아 사진을 찍고 화보자료를 찾아 헌책방을 기웃거렸다. 1권에 해당하는 부분을 공부한 뒤 콘티를 짜기 시작했다. 동네를 산책하면서도 머릿속에서는 항상 그 시대의 인물들이 이야기를 주고받고 다투곤 했다. 어쩌다 어떤 인물의 행동이 새롭게 이해되기라도 하면 뛸 듯이 기뻤다.

　마침내 펜선을 입히면서 수십 장이 쌓인 뒤 처음부터 읽어보면 이게 아닌데 싶어 폐기하기를 서너 번, 그러다 보니 어느새 1년이 후딱 지나가버렸다. 아무런 결과물도 없이 1년이 흘렀다고 생각하니 슬슬 걱정이 차오르기 시작했다. 이러다간 안 되겠다 싶어 100여 장의 견본을 만들어 무작정 출판사를 찾아가기로 했다. 그렇게 견본을 만든 후 몇 군데에서의 퇴짜는 각오하고 출판사를 찾아가려던 차에 동료 시사만화가의 소개로 휴머니스트를 만나게 되었고, 덕분에 다른 출판사들을 찾아가지는 않아도 되었다.

　이 만화를 그리며 염두에 둔 나름의 원칙이 있다면 이랬다.
　첫째, 정치사를 위주로 하면서 주요 사건과 해당 사건에 관련된 핵심 인물들의 생각과 처신을 중심으로 그린다.
　둘째, 《실록》의 기록을 바탕으로 하면서 학계의 최근 연구 성과를 적극 고려하고 필자 스스로도 적극적으로 해석에 개입한다.
　셋째, 성인 독자들을 주된 대상으로 삼되, 청소년들과 역사에 관심이 남다른 어린이들이 보아도 무방하게 그린다.

　흔쾌히 출판을 결정해준 휴머니스트 김학원 대표와 책이 나오는 데 애써준 휴머니스트 식구들에게 감사드린다. 그리고 언제나 곁에서 응원해주고 적절히 비판해주는 아내와 사랑하는 두 딸! 고맙다.

2003년 6월

세계기록유산은 모두의 것이며,
모두를 위해 온전히 보존되고 보호되어야 하며,
문화적 관습과 실용성을 충분히 인식하여
모든 사람이 장애 없이 영구적으로 접근할 수 있어야 합니다.

The world's documentary heritage belongs to all,
should be fully preserved and protected for all and,
with due recognition of cultural mores and practicalities,
should be permanently accessible to all without hindrance.

―〈유네스코 '세계의 기억' 프로그램의 목표〉 중에서

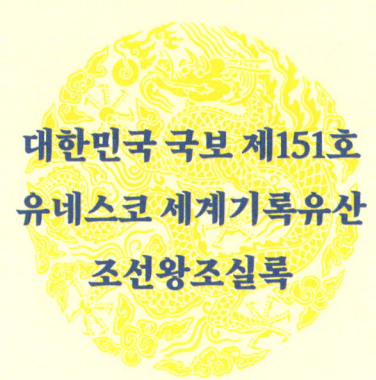

**대한민국 국보 제151호
유네스코 세계기록유산
조선왕조실록**

진실성과 신빙성을 갖추고
25대 군주, 472년간의 역사를 6,400만 자에 담은
세계에서 가장 장구하고 방대한 세계기록유산.
세계인이 기억해야 할 위대한 유산
《조선왕조실록》의 세계로 초대합니다.

차례

머리말 4
등장인물 소개 10

제1장 왕과 세자

세자의 활약 14
세자를 질투한 왕 21
왜란기의 당쟁 31
전쟁이 끝나고 40
불안과 울분의 세월 46

제2장 초기의 광해군

긴박했던 시간 56
불안과 기대 64
임해군의 옥사 69
오현 종사 78
회퇴변척소 84
4년간의 안정 93

제3장 꼬리를 무는 옥사

광해군식 옥사의 시작-봉산옥사 106
계축옥사 118
폐모론을 둘러싸고 130
허균의 옥사 137

제4장 고독한 중립 외교

파병논쟁 154

심하전투와 강홍립의 투항 160

외로운 섬 광해군 165

제5장 모래 위의 성

음양술에 빠진 왕 174

강력해 보였던 왕권 180

인조반정 186

그 후 196

명재상들, 그리고 곽재우 203

작가 후기 212

《광해군일기》 연표 214

조선과 세계 219

The Veritable Records of the Joseon Dynasty 220

Summary: The Daily Records of Gwanghaegun 221

세계기록유산, 《조선왕조실록》 222

도움을 받은 책들 223

등장인물 소개

광해군
조선 제15대 임금.
반정으로 폐위된다.

선조

임해군
선조의 서장자로
광해군의 동복형이다.

영창대군
선조의 유일한 적자.

유영경
선조 말년에 영창대군을
옹립할 뜻을 가졌다.

허준
명의로《동의보감》의
저자.

유성룡

곽재우
전쟁 후 산속에
들어가 지내며
재야 선비의 모범을
보였다.

정인홍
대북 세력의 정신적 지주로
막강한 영향력을 행사했다.

이원익·이항복·이덕형
이 시대의 명재상들.

박승종·이이첨·유희분
삼창으로 불린 광해군 시절의 실세들. 대북인 이이첨과 소북인 박승종, 유희분은 광해군 재위 내내 권력투쟁을 벌인다.

박응서
계축옥사를 일으킴.

서양갑
여주 강변에서 공동생활을 했던 서자들의 리더여서 역모의 주창자로 지목된다.

능양군(인조)과 이귀
인조반정의 두 주역.

신율
봉산 군수로 봉산옥사를 확대시켜 출세한다.

폐세자와 폐세자빈
반정 뒤 위리안치되자 땅굴을 파서 탈출을 시도한다.

강홍립
도원수로 1만여 명의 병사를 이끌고 명과의 합동작전에 나갔다가 광해군의 밀명에 따라 후금에 투항한다.

허균
명문장가이자 야심가로 역모 혐의를 받고 처형된다.

김개시
상궁의 신분으로 광해군의 신임을 얻어 막강한 권력을 행사한다.

인목왕후(소성대비)
광해군에 의해 아들을 잃고 서궁에 유폐된다.

덕수궁(경운궁)
원래는 행궁이었는데, 광해군이 이곳의 서청에서 즉위한 후 넓혀 지금의 정동 1번지 일대를 대부분
궁궐의 경내로 만들고 종묘를 중건했다. 1611년 창덕궁으로 옮기면서 이 행궁에 경운궁이라는 이름을 붙였다.
인목왕후가 유폐되었던 곳이기도 하다. 서울 중구 정동 소재.

제1장

왕과 세자

세자의 활약

네 살 임해군, 세 살 광해군을 남겨둔 채 눈을 감았다.

선조는 한동안 공빈의 말을 믿고 다른 후궁들을 싸늘하게 대했다고 한다.

그러나 죽은 이보다는 산 사람이 아무래도 경쟁력이 있는 법.

어느새 수완 좋은 인빈 김씨가 왕의 마음을 파고들었고,

선조에게서 공빈에 대한 미련을 지워버린다.

자연히 임해군, 광해군은 부왕의 관심권에서 멀어졌고,

인빈 김씨가 낳은 왕자들이 사랑을 받았다.

임해군이 사고나 치는 문제아로 성장한 데는 이런 환경도 작용했을 것이다.

이항복의 현실적 판단이 반대 여론을 무마하면서

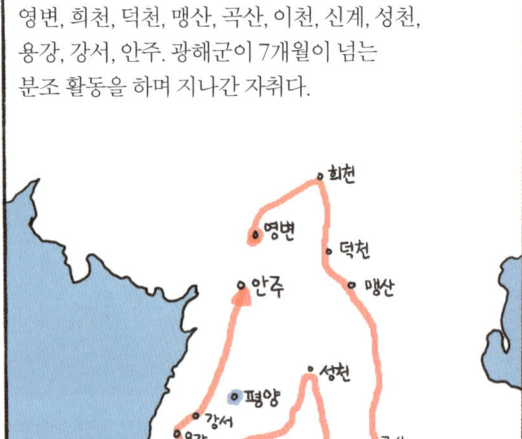

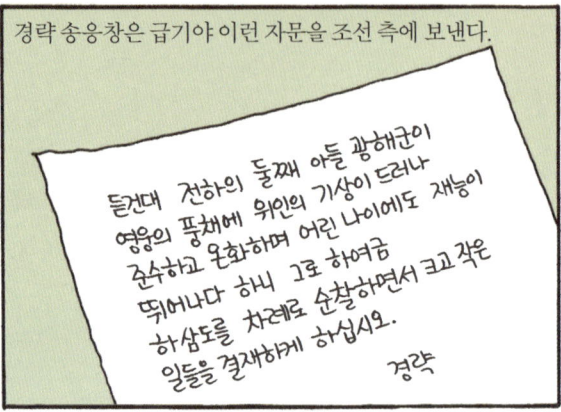

이리하여 광해군은 서울 수복 뒤 다시 남쪽으로 내려가 무군사를 설치하고 이끌게 된다.

세자를 질투한 왕

그래서 형제나 사촌 들을 경계할 필요조차 없었다.

장자인 임해군이 열아홉 살이 될 때까지 세자 책봉을 미룬 것도 방계 콤플렉스와는 무관하다.

그때까지 아기를 낳지 못한 왕비에게서 기적의 출산을 바라고 책봉을 늦춘 게 아니라

사랑하는 인빈이 낳은 자식으로 세자를 삼고 싶어 늦춘 것 아닌가?

방계 콤플렉스를 설명하는 가장 유력한 근거는 뒤에 선조가 적자인 영창대군으로 세자를 바꾸고자 했던 사실이다.

그러나 그 과정을 보면 이 역시도 방계 콤플렉스와는 무관한 것임을 알 수 있다.

그렇다면 임진왜란 이후 광해군에 대해 선조가 보여준 무시와 견제는 무엇 때문이란 말인가?

제10권을 통해 선조의 성격을 파악한 독자들은 이미 짐작했으리라. 그렇다. 그것은 바로 광해군을 향한 선조의 질시였다.

광해군이 분조를 이끌고 떠난 직후인 선조 25년 6월 18일의 《실록》에는 재미있는 이야기가 실려 있다.

"세자 저하께서 종묘 사직의 책임을 부여받았으면서 단지 감국(監國)하라는 명만 받았으니"

"만일 주상 전하께서 요동으로 건너간 다음 소식이 통하지 않으면 어찌 되겠소이까?"

"큰일이지요. 대위(大位)를 일찍 정하지 않으면 안 됩니다. 양사와 더불어 말씀을 올립시다."

그렇게 의견 일치를 본 유성룡과 정철이 양사 관원 몇 명과 함께 임금을 찾았다.

그러나 누가 먼저 세자에게 대위를 넘겨주라는 말을 꺼낼 것인가? 먼저 나섰다가 실각당한 경험이 있는 정철이 다시 나서기란 어려운 일이고,

"꿀꺽…"

* 감국(監國): 왕세자가 일시적으로 왕의 권한을 대신 맡아서 행함.

제1장 왕과 세자 23

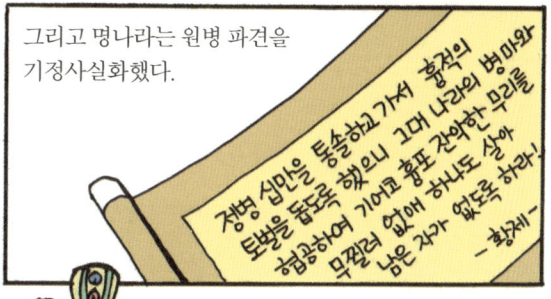
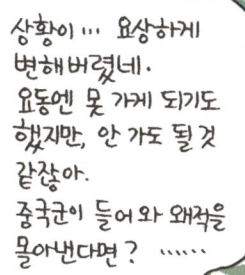

선조 25년 10월 19일, 왕은 승부수를 띄운다.

다음 날에는 좀 더 공식적으로 같은 이야기를 꺼냈고, 대신들은 합동으로 만류했다.

군국의 기무를 동궁에게 맡기라는 상소를 하는 이들이 많은데 내 생각도 그러하오.

국사가 매우 위급하여 거의 수습할 수 없게 되었사온데 다행히도 전하의 슬기에 힘입어 조금 회복의 전망이 보이고 있나이다. 신들은 죽는다 해도 맹세코 명을 따를 수 없사옵니다.

이만하면 일단은 …

작전 성공!

그런데 보름쯤 뒤, 유생 둘이 더욱 노골적인 소를 올린다.

백성의 뜻을 따라 동궁마마께 선위할 것을 감히 청하나이다!
유생 남이순, 송희록

이놈들이… ※ ※

다시 선위 카드!

전에 선위의 뜻을 밝혔으나 뜻을 이루지 못했소. 이 어찌 한갓 말뿐이었겠소?

대신들은 만류하고,

종묘사직이 폐허가 된 지금이 어떤 때이옵니까? 삼가 바라옵건대 다시는 요동되지 마시어 상하의 마음을 편하게 해주시고 중흥의 대업을 회복한다면 다행이겠사옵니다.

몇 번 더 액션을 취하다가

물러나고자 하는 마음은 벌써 오래전부터였소. 내가 하루를 더 왕위에 있으면 백성이 하루를 더 걱정하게 될 것이오. 경들은 나를 불쌍히 여겨 부디 내 뜻을 이루게 하오.

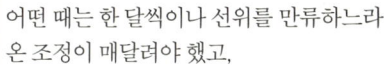

제 한 몸 건사하기에 급급했던
자신의 모습을 돌이켜볼 때마다
세자의 모습이 클로즈업되는
느낌이었으리라.

어린 나이에 위험천만한 곳으로 들어가 사실상의
조정으로서 나라의 구심 역할을 해낸 아들 광해군!

이순신을 생각할 때마다 느껴야 했던
열등감을 세자를 볼 때면 다시 느껴야
했을 것이다.

질투와 열등감은
미움으로
변해갔다.

왜란기의 당쟁

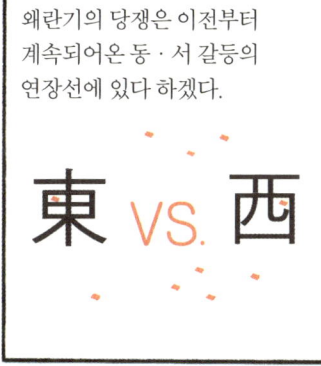

왜란기의 당쟁은 이전부터 계속되어온 동·서 갈등의 연장선에 있다 하겠다.

東 vs. 西

율곡이 죽은 뒤 동인이 집권했다가

정여립의 옥사를 계기로 서인이 복귀해

동인 강경파에게 타격을 입혔다.

숨죽였던 그들은 세자 건저 파동을 일으켜 정철 등 서인들을 다시 몰아냈다.

그리고 왜란이 터지기 전까지는 강경파(북인)와 온건파(남인)를 망라한 범동인이 집권했다.

전쟁이 발발해 파천하게 되자 다시 서인의 목소리가 커진다.

그런데 그들은

"저언하!"

＊건저(建儲): 왕위를 이을 사람을 정하는 일.

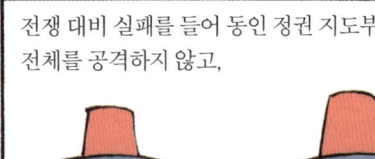전쟁 대비 실패를 들어 동인 정권 지도부 전체를 공격하지 않고,

엉뚱한 이유로 이산해만을 타격했다.

왜? 건저 파동을 일으켜 서인을 내몬 장본인이었기 때문이다.

이후 피란 조정은 각 당파가 고루 포진한 채로 굴러갔다.

흔히 전쟁 중에도 내내 당쟁이 이어졌다고 하지만,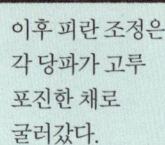

적어도 정황이 급박했을 땐 잠잠했다. 도리어 서로 협력하는 모습들도 보인다.

그러다가 한숨 돌리게 되는 상황이 오면 다시 당쟁이 재개되고는 했다.

일본군이 남쪽으로 퇴각하고, 강화 협상이 진행되면서 소강 국면이 되자 서인과 북인 사이의 다툼이 재개되었다.

이때 선조는 북인의 손을 들어줌으로써

20여 년 동안 계속되어온 서·북 당쟁은 일단 마무리된다.

흔히 이순신의 백의종군 과정도 당쟁으로 설명하는데,

기본 논지는 이와 같다.

그러나 어째서 이런 식의 단순화가 일반화되었는지 의문이 아닐 수 없다.

아마도 서인인 윤두수 형제가 이순신 모함과 원균 옹호에 앞장선 일과

유성룡이 《징비록》에 적어놓은 다음의 구절 때문이 아닐까 한다.

그러나 보자. 당시 당쟁의 기본구도는 서인 대 북인이었다.

유성룡은 사실 살아 있을 때나 죽은 다음에나 그다지 서인의 공격을 받지 않았다.

남인의 수장으로 일컬어지지만, 성품이 온유해 일생 동안 당쟁의 선두에 선 적도 없는 인물.

동·서 대결 당시 동인은 정철을 악의 괴수쯤으로 여겼지만,

유성룡은 정철과도 그다지 나쁘지 않은 관계를 유지했다.

바로 그 때문에 동인 강경파가 유성룡에게 분개했고, 결국 동인이 남과 북으로 쪼개지는 한 원인이 되었다.

유성룡! 그양반 못쓰겠더군. 적과 아를 구분 못해.

맞아, 정철이랑 놀아나는 꼴 봤. 상종 못할 위인이야.

남과 북의 분열에는 다른 이유도 끼어 있었다.

이황의 제자들과 조식의 제자들 사이의 해묵은 갈등, 특히나 명성 높은 이황과 지위 높은 유성룡을 가소롭게 본 조식의 수제자 정인홍의 분노가 그것이다.

아무튼 북인은 이제 남인을 노리고 있었고, 그 기회가 찾아왔다.

그게 정말인가?

전쟁이 끝나기 직전인 선조 31년(1598) 9월, 명나라 사신 정응태라는 자가 조선을 모함하는 글을 명나라 조정에 올린 일이 있었다.

- 애초 조선은 왜를 불러들여 고구려의 옛 땅을 회복하려 한 것인데 풍신수길에게 당했다.
- 일본 연호를 앞에 쓰고 중국 연호는 뒤에 조그맣게 쓰곤 했다.
- 태조, 세조, 성상 등의 칭호를 사용하는 등 분수를 모른다.

대략 요런 요지로.

으째 그런 일이···

이렇게 모함받고서야 내가 어찌 살겠소? 누가 당장 가서 사실을 바로 밝혀야 할 텐데

아무래도 중량감 있는 대신이 가야 할 것이오.

선조는 이 일을 유성룡이 맡아주기를 바랐는데,

신은 늙고 병들어 이 일을 담당하기에 적합지 않사옵니다.

거듭 사양하자

황송하오나 신은···

왕은 크게 섭섭했다.

임금이 크게 욕을 보고 있는데 신하된 자가 어찌···

북인은 즉각 유성룡 탄핵에 나섰다.
이이첨을 시작으로

중국에 가서 해명하는 일은 조금도 지체할 수 없는 일이온데 영상이 가지 않으려 해서 밖에 있는 대신을 보내게 하여 지체되고 말았나이다.

홍문관, 유생 등이 적극 나서서 총공세를 폈고,

"유성룡은 자기와 뜻이 맞지 않으면 배척하고"

탄핵 내용은 점점 강화되었다.

"정인홍, 쪽 같은 초야의 어진 선비가 등용되는걸 막았으며"

"'강화'라는 한 글자로 나라를 그르쳤나이다. (主和誤國)"

결국 유성룡은 영의정에서 체직되어 귀향길에 오른다.

물러난 그는 《징비록》을 지어 임진왜란의 실상을 후세에 알렸고,

왕이 다시 불렀으나 벼슬에 나가지 않은 채 고향에서 지내다 선조 40년, 66세를 일기로 세상을 떴다.

"대감 마님!"

이황의 애제자로 남인의 수장이었던 서애 유성룡.

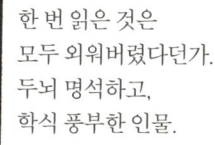
한 번 읽은 것은 모두 외워버렸다던가. 두뇌 명석하고, 학식 풍부한 인물.

스승을 닮아 부드럽고 온유한 처신으로 덕망이 높았다.

"영의정에 유성룡!" "오우, 잘 됐네." "유성룡이라면 우리도 믿지." "유성룡!" "서애!"

그는 일솜씨도 빼어났다. 사람을 상대하는 일이든

어떤 일을 기획·집행하는 일이든 모두 능해 최고의 재상으로 이견이 없었다.

훈련도감의 설치를 건의해 초대 도제조를 맡았고

영의정, 도체찰사로 전쟁 기간 내내 막중한 역할을 담당했다.

다만 《실록》을 보면 다소 황당한 의견을 내는 모습들이 더러 보인다.

이순신이 모함당할 때나

하야 촉구 불발 때 보이듯

결정적인 순간에 발을 빼는 모습도 아쉬움을 준다.

어찌 되었든 유성룡의 실각은 북인이 사실상 전권을 장악했다는 의미.

비록 이원익, 이덕형, 이항복 등 무당파 대신들이 건재하기는 했으나

북인 단독 정권이 구축된 것이다.

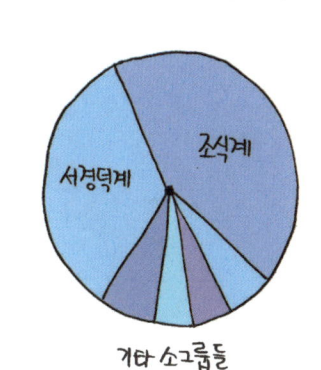
집권하면 분열하는 게 권력의 생리. 안 그래도 그 구성이 다양했던 북인은

집권 뒤 얼마 안 있어

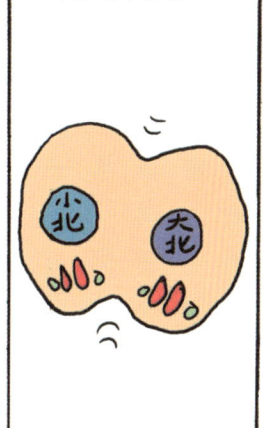
분화를 시작한다.

전쟁이 끝나고

전쟁은 조선의 근간을 뒤흔들었다.

학살과 굶주림, 전염병으로 인구는 급격히 줄어들었고,

토지는 황폐해졌다.

유교 정치를 지탱케 하는 신분질서도

흔들렸다. 전쟁이라는 비상상황을 맞아 조정은 군량 확보를 위해 납속책을 실시했다.

그러나 중간에서 관리들이 제 잇속을 챙기느라 군량 확보는 지지부진했고 관작은 남발되었다.

신분 상승의 또 다른 길은 공을 세우는 것. 노비가 적의 목 하나를 베어 바치면 면천,

2명을 베면 우림위,
3명을 베면 과거 볼 자격 획득,
4명을 베면 수문장,
10명 이상을 베면 정식으로
동반 벼슬을 받았다.

이리하여
천민, 양민 중에서
신분 상승을 이룬
이들이 많이 나왔다.

그러나 이 역시도
엄정하게
관리되지 않아서
선조가 이렇게
한탄하기에
이른다.

나라의 지배이념인
성리학 이데올로기도
사실상의
파산선고를
받았다.

혹독한 굶주림으로 인해 인육을
먹는 일이 속출했을 정도로 유교적
예의범절은 땅에 떨어졌다.

그 때문에 진정한 전후 복구는 과거를 근본적으로
반성하고, 새로운 질서를 모색하는 일부터
시작해야 했다.

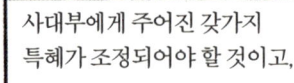

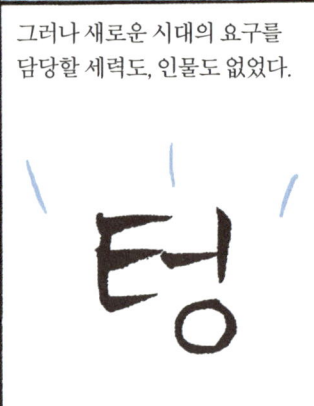

살아남은 곽재우는 전쟁이 끝나자 산으로 들어가 벽곡(곡식을 끊고 나물, 열매 등으로 사는) 생활을 했다.

그렇게 영웅들 대부분이 사라진 터에 왕이 그들을 깎아내리기까지 했으니

조선의 전쟁 영웅들은 정치 무대에서 전혀 힘을 가질 수가 없었다.

민중도 세력화되지 못했고,

사대부들 내에서도 혁신적 세력이 나타나지 않았다.

결국 나라를 패망으로 이끈 왕과 백관들, 사대부들이 다시 전쟁 이후를 이끌 주인공 역할을 맡게 되었다.

그들 중에서라도 혁명적 의지와 비전을 지닌 이가 단 한 사람도 나오지 않았으니

성리학을 떠나 사고할 수 없는 사대부들의 슬픈 한계라고나 할까?

새 시대를 이끌게 된 구세력들이 가장 먼저 한 일은

불안과 울분의 세월

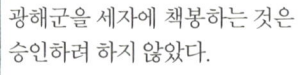

밖에선 명나라가 세자로 인정할 수 없다고 하고

안으론 아바마마께서 미워하신다.

이제 또 새어머니께서 대군이라도 낳게 되면 나는 어찌 될 것인가?

우려대로 선조 39년에 인목왕후는 선조의 유일한 적자인 영창대군을 낳는다.

이즈음 북인은 유영경, 남이공이 이끄는 소북과

정인홍, 이산해가 이끄는 대북으로 분열했다.

소북의 리더 유영경은 일찌감치 문과에 급제했으나,

20년 넘게 주목받지 못하다가

전쟁 말기 대사헌을 역임한 이래 선조의 눈에 들어 고속 승진을 했다.

그동안 어디 있었니?

이조 판서를 맡은 후 2년 만에 영의정에 오를 정도였다.

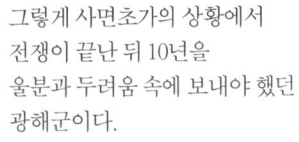

문묘 대성전
문묘는 조선시대에 공자를 비롯한 선현들의 제사와 유학 교육을 담당하던 곳으로, 대성전에는 공자를 비롯해 증자·맹자·안자·자사 등 4대 성인과 10철, 송조 6현, 그리고 정몽주, 이황, 이이 등 우리나라 명현 18인의 위패를 모시고 있다. 서울 종로구 명륜동 소재.

제2장

초기의
광해군

긴박했던 시간

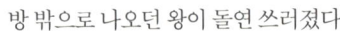

금방 오늘내일할 것 같던 선조가 기력을 조금 회복한 것이다.

휴~

해가 바뀌고 선조 41년 1월, 쓰러진 날로부터 두어 달 지난 즈음에 상소가 한 통 올라온다.

정인홍이 올린 상소이옵니다.

… 신이 듣건대 지난 10월 전하께서 전·섭의 전지를 내리자 영의정 유영경이 원임대신(전 정승)들을 꺼려 시임대신(현 정승)들과 공모하였으며,

중궁전에서 언서로 전지를 내리자 '오늘의 전교는 뭇 사람의 뜻 밖에 나온 것이어서 명을 받지 못하겠다'고 즉시 회계하여 대간들로 하여금 알지 못하게 하여 …… 영경은 무슨 음모와 흉계가 있기에 이토록 비밀리에 하는 것입니까? ……
(라며 원임대신을 멀리한 이유, 여러 사람의 뜻 밖에 나온 전교라고 한 까닭들을 추궁하고)

영경이 세자 저하를 세자로 여긴다고 보시옵나이까? ……

— 정인홍 —

조정은 일순 긴장에 휩싸인다.

술렁~

대간들은 인혐했고

상소를 보니 신들을 마치 영경의 조아(발톱과 이빨)로 보는 듯하니 직에 나아갈 수 없나이다.

*인혐(引嫌): 벼슬아치가 어떤 일에 대한 책임을 지고 사퇴함.

유영경은 즉각 해명 상소를 올렸다.

그러나 유영경이 영창대군을 미는 건 공공연한 사실이어서

정국은 영창대군을 지지하는 소북(그 가운데서도 특히 유당)과 광해군을 지지하는 대북의 대결 국면으로 치달았다.

이럴 때 열쇠를 쥔 이는 역시 국왕이다.

깜짝 놀란 세자가 달려나와 무릎을 꿇었다.

왕의 회복과 친유영경 입장에 자신을 얻은 소북파 대간들은

정인홍, 이이첨 등의 귀양을 주장했고, 받아들여졌다.(선조 41년 1월 26일) 대북파의 패배가 기정사실화하는 듯했다. 그러나

＊ 치지도외(置之度外): 내버려두고 헤아리지 않음.

선조 41년 2월 1일, 찹쌀밥을 먹은 뒤

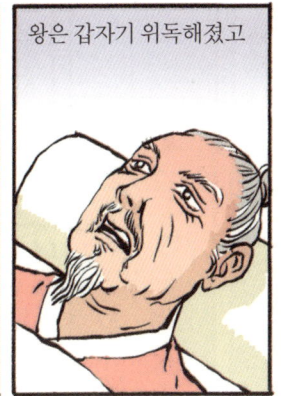
왕은 갑자기 위독해졌고

그날로 죽음을 맞는다. 향년 57세.

41년을 재위하면서 왜란의 수모를 겪었고, 동서남북의 분당과 당쟁을 지켜보았다.

총명하고 수완도 있었으나, 꼼수를 즐겨 썼던 왕.

질투의 화신이기도 했던 건 그만큼 권력에 대한 집착이 컸다는 방증이라 하겠다.

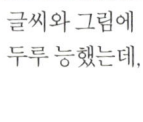
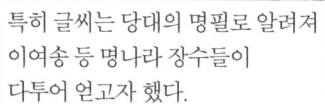

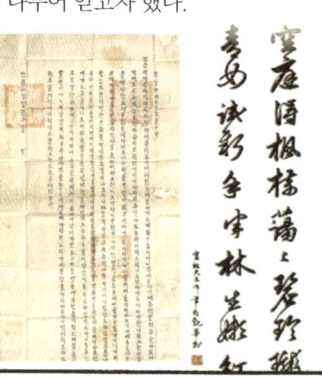

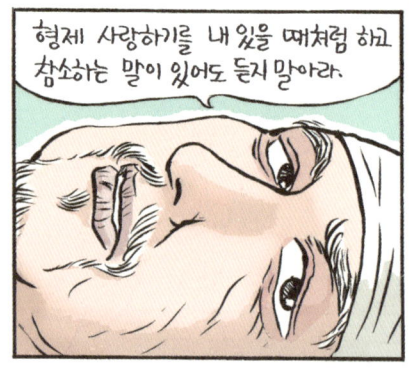

불안과 기대

숱한 장애를 넘고 마침내
보위에 올랐다.

임진왜란이 터지지 않았다면
세자가 될 수 있었을까?

만약을 위해
세자부터 세워야
하옵니다.

부왕이 10년만 더 살았다면
세자의 자리를 지킬 수나 있었을까?

영창대군
이때 세 살.

16년 세자 생활은
또 어땠던가?

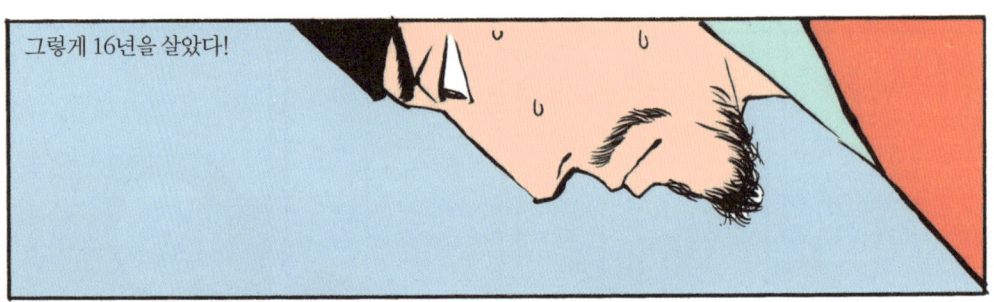

그렇게 16년을 살았다!

즉위했을 때의 나이는 34세. 창업자인 태조에 견줄 만큼 나라 곳곳을 누볐으며

문종에 견줄 만큼 실무 경험이 풍부한 새 임금이다.

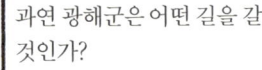
과연 광해군은 어떤 길을 갈 것인가?

풍부한 경험을 살려 모두의 소망에 부응할 것인가?

쌓였던 16년 한을 푸는 길로 나아가 조야의 불안을 현실화할 것인가?

모든 것은 광해군의 선택에 달려 있었고

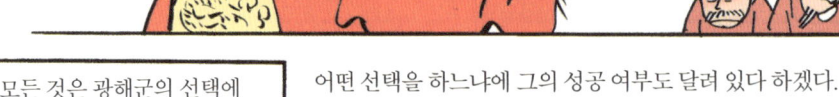
어떤 선택을 하느냐에 그의 성공 여부도 달려 있다 하겠다.

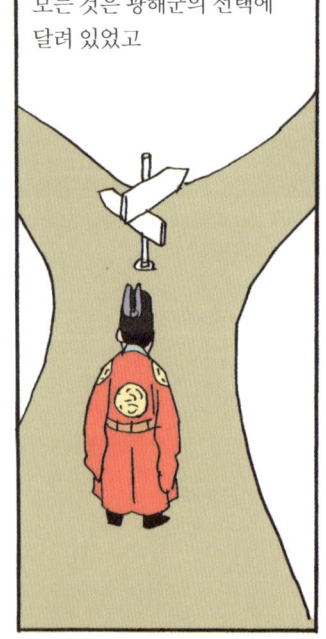

임해군의 옥사

＊문외출송(門外黜送): 도성 밖에 나가 살게 하던 형벌.

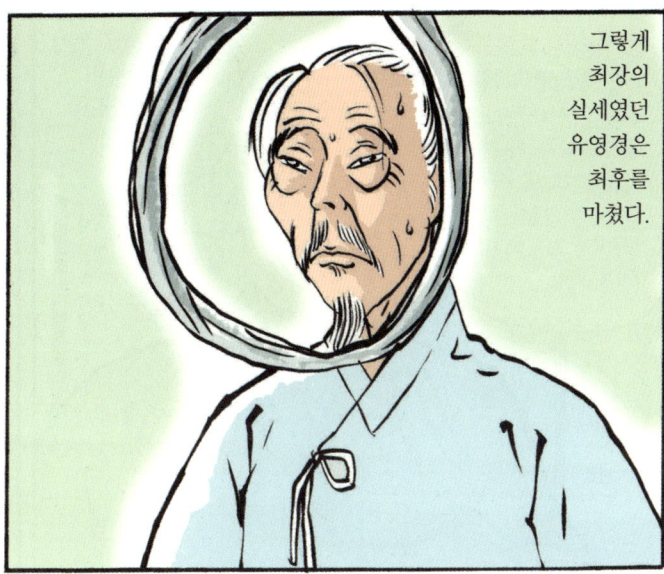

그렇게 최강의 실세였던 유영경은 최후를 마쳤다.

한편, 이 문제와는 별도로 즉위 직후인 2월 14일, 장령 윤양, 지평 민덕남 등의 대간들이 중대한 고변을 했다.

장자이면서도 세자가 되지 못한 임해군. 각종 사건, 사고를 불러일으킨 트러블 메이커이다.

어쩌면 계속된 그의 말썽은 그 나름의 처세였을지도 모르겠다.

*불궤(不軌): 역모를 꾀함. 임금의 자리를 빼앗으려 함.

역모 고변을 들었을 때 왕은 이렇게 대답했다.

그러나 이후의 진행과정을 보면 왕의 본심은 이랬던 듯하다.

임해군은 소식을 듣자 여장을 하고 도망가다가

붙잡혀 하옥된다.

* 절도안치(絶島安置): 죄인을 육지에서 멀리 떨어져 있는 외딴섬으로 보내 살게 하는 형벌.

* 전은론(全恩論): 은혜를 온전히 해야 한다는 논리.
* 천토(天討): 하늘이 악인을 벌함.

이렇듯 왕은 시종일관 임해군의 역모를 확신하는 태도를 견지했다.

옥사 와중에

광해군의 즉위를 알리는 사신이 명나라에 갔더랬다.

끝까지 세자 책봉을 인준하지 않았던 명나라는 이 상황이 되어서도 시비를 건다.

사신은 얼떨결에 거짓말을 했는데

제2장 초기의 광해군

오현 종사

*비망기(備忘記): 임금이 명령을 적어서 승지에게 주는 문서.

제2장 초기의 광해군

*문묘 종사(文廟從祀): 공자를 받드는 사당에 학덕이 있는 사람의 신주를 모시는 일.

이후 선조 초 기대승은 경연에서 김굉필, 정여창, 조광조, 이언적의 문묘 종사를 청하게 된다.

하여 유생들을 중심으로 5현 종사 논의가 크게 일어나게 된 것이다.

그러나 선조는 20여 년 동안 요지부동이었다.

정여립의 옥사와 왜란을 겪으며 10여 년 동안 수면 아래로 잠수해 있던 오현 종사 논의는

제2장 초기의 광해군 81

전격 수용한 것이다.
여러 대에 걸친 사림의 여망이
이루어진 것이다.

그리고 이는 전쟁 이후에도 여전히 성리학이
대체 불가능한 조선의 지배 이데올로기임을
공인하는 것이기도 했다.

그러나 사림이라고 모두 기뻐한 것만은 아니었으니…….

회퇴변척소

이황이 그의 행장을 지으며 4현의 한 사람으로 거론하자 그대로 공론이 되었다.

그러나 정인홍은 이언적은 물론, 이황까지도 인정할 수 없었다.

정인홍은 경상도 합천 출신. 사마시에 응시해 합격했으니

대과를 포기하고 스승 조식을 모시며 공부에 전념했다.

수제자로 스승의 임종을 지킨 그는 일대에 그 명성이 퍼졌고,

재야인사로 추천되어 선조 초 잠시 사헌부에 적을 두기도 했다.

임진왜란 때 의병을 일으켜 싸웠고, 정유재란 때도 유일하게 의병을 일으켰다.

정철, 성혼 탄핵과

정철은 사감을 갖고 최영경을 죽였으며 성혼은 화의를 주장해...

전쟁 말기 유성룡 탄핵에도 한몫했다.

유성룡도 성혼과 함께 화의를 주창해 나라를 그르쳤으며

전쟁이 끝난 뒤 선조의 강력한 요청에 따라 잠시 대사헌을 맡기도 했는데,

부원들과는 잘 어울리지 못했다.

정인홍이 사람들과 잘 화합하지 못하는 듯한데 이유가 무엇이오?

오랜 재야 생활로 세상살이가 세련되지 못한 데다 홀로 다른 주장을 펼 때가 많아 사람들이 그를 과격하게 여깁니다.

세련되지 못한 탓에 언어가 과격한 데다 남인을 물리치고 대북 사람들만 등용하려는 뜻을 가진 때문이옵니다.

내 생각은 좀 다르오. 그 사람은 다른 이와 같지 않아서 빌붙는 일을 하지 않을 것이오.

그의 굳센 절조는 백 번 꺾으려 해도 꺾지 못할 것이오.

정인홍의 올곧은 기질을 높게 본 선조는 그가 대사헌을 사직하는 글을 올리자 이런 말로 만류하기도 했다.

경의 고상한 품성과 곧은 기개는 세상이 우러러보는 바이오. 내가 경에게 바라는 바는 그저 가만히 조정에 있어만 달라는 것이오. 경이 있기만 해도 사람들이 조심하고 꺼려서 조정이 무거워질 것이기 때문이오. 경은 나를 버리고 가지 마오.

사실이 그랬다. 불의에 대한 그의 비타협성, 칼로 끊는 듯한 논의 때문에 다들 꺼리기도 했지만, 조심하기도 했다.

괜히 책잡혔다간 끝장이야.

슬금슬금

유영경을 탄핵한 상소도 좌우를 살피지 않고 돌진하는 그의 이런 성품이 낳은 것이라 하겠다.

그 상소 한 장에 광해군은 매료되었다.

사실 그 상소로 인해 내가 덕 본건 하나도 없어. 오히려 곤경에 처했고

더 위험해질 뻔했지. 그러나 말야

가장 큰 위험은 어쨌거나 그 자신의 몫이었을 터.

그걸 알면서도 70 나이에 그런 상소를 올리다니.

다시 찾기 어려운 사람이로다!

제2장 초기의 광해군

즉위와 함께 귀양지로 가던 중인 정인홍을 방면하고

가까이 두어 우대하며 도움도 받으려 했지만,

내 곁에 있어주오~ ㅠㅠ

정인홍은 벼슬하기를 한사코 거절했다.

그렇게 산림으로 돌아가 있었던 정인홍이 분통을 터뜨린 것이다.

그는 분노의 붓을 들었다.

우리 스승님이야말로 일생을 한결같이 절개를 지키며 학문에 전념하고 실천하신 참 현인이신데,

스승님은 거론조차 않고 이황, 이언적 같은 사이비들을 문묘에 종사하다니! 말이나 되는가?

… 신이 일찍이 이황이 조식을 비방한 글을 보았사온데 그 하나는 오만하고 세상을 경멸한다는 것이었고 그 둘은 뻣뻣한 선비로 중도를 요구하기 어렵다는 것이었으며 그 셋은 노장을 숭상한다는 것이었나이다. 이에 신이 원통하고 분하여 한번 변론해서 밝히려고 마음먹은 지 여러 해이옵니다.

… 이황은 조식과 한 나라에 태어나고 같은 도에 살았습니다. 하나 평생에 한번도 얼굴을 대면한 적이 없고 자리를 함께한 적도 없습니다. 그런데도 이토록 심하게 비방하였으니 신이 그를 위해 변론하겠나이다 …

이황은 과거로 출신하여 완전히 나아가지도 물러가지도 않은 채 서성대며 세상을 기롱하면서 스스로를 중도라 불렀습니다. 조식과 성운은 일찍이 과거를 단념하고 산림에서 빛을 감추었고 도를 지켜 흔들리지 않아 부름을 받아도 나서지 않았습니다. 그런데 이황은 대번에 괴이한 행실과 노장의 도로 인식했으니 모를 일이옵니다
(옛 사례를 들고) 수레를 버리고 산으로 들어가 자신의 행실을 닦고 삶을 마친 것이 과연 중도에 지나치고 괴이한 행실을 한 것이며 세상을 경멸하는 노장의 학문이란 말씀입니까?
…

이언적과 이황은 지난 을사년과 정미년 사이에 (을사사화와 양재역 벽서 사건) 극히 높은 벼슬과 요직, 청직을 지냈는데 그 뜻이 과연 벼슬할 만한 때라 여겨서였습니까?
이황은 한 세상을 우롱하고 자신 외엔 세상에 사람이 없는 것처럼 보았으니 …

두 사람은 모두 유학이란 칭호를 지니고서 소인이 득세하여 군자를 해칠 때에 구하지 못하고 같이 행동한 수치가 있었으니 신하가 도로써 임금을 섬기다 불가하면 그만두는 의리와 돌처럼 단단한 절개로 속히 떠나는 의리와는 너무도 다르지 않습니까? …

이황이 자기를 살피는 데에는 어둡고 남을 책망하는 것은 심하니 이것이 어찌 군자의 심사이겠습니까?

조정의 신하와 재야의 유생들이 서로 이끌고 나서서 좌지우지하는데 그들이 추켜세운 자를 전하께서 추켜세우셨으니 그들이 좌절시킨 자들 역시 전하께서 좌절시킨 것이옵니다.

신은 바로 노장의 무리가 되어버렸습니다. 지금 일세의 나아가고 버림이 정해졌고 조정의 호오가 결정되었으며 전하께서 향하는 바도 역시 볼 수 있습니다 …

삼가 바라옵건대 전하께오선 신을 체직시키시고 다시는 부르지 마시어 얼마 남지 않은 이 목숨으로 하여금 낭패스러움을 면하게 하시고 전리에서 죽을 수 있게 해 주시옵소서.

그러나 이미 상소를 읽은 승정원이 나섰다.

왕도 상소를 받아보는 순간
후폭풍을 예상했고,
그래서 일부러 상소를
내리지 않았다.

뒤를 이어 소식을 전해 들은 유생들,

이에 유생들은 집단으로 성균관을 비우고(공관) 떠나버린다.

그러나 대신 이하 대부분의 신하가 유생들 편이었다.

결국 실랑이 끝에 유생 처벌은 없었던 일로 하고, 근신을 보내 다독인 뒤에야 유생들이 돌아왔다.

그렇게 정인홍의 상소로 인한 파란은 가라앉았다.

이 사건은 정인홍의 공고한 위상을 새삼 확인시켜주었을 뿐 아니라 왕의 편파성도 분명히 보여주었다.

이때의 상소를 회퇴변척소라 부릅니다.

회재(이언적)와 퇴계를 배척하는 상소란 뜻이지요.

4년간의 안정

광해군 1년 6월, 왕은 마침내 명나라로부터 즉위를 공식으로 인정받는다.

이에 한시름 놓은 왕은

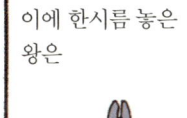

신하들의 반대를 물리치고 생모인 공빈 김씨를 공성왕후로 추증한다. 취약한 정통성을 보완하기 위함이었다.

선조 때 시작한 창덕궁 복원 공사도 마무리되었다.

이어서 왕은 《용비어천가》를 인쇄, 보급하는 등 땅에 떨어진 왕실의 권위를 되찾기 위해서도 노력했다.

보아라, 이씨 왕실이 얼마나 위대한지를.

비록 유영경의 제거와 임해군의 옥사를 겪기는 했지만, 광해군이 이끄는 왕실과 조정은 빠르게 안정을 되찾았다.

제2장 초기의 광해군 93

탕평인사와 문묘 종사 외에도 광해군은 몇 가지 의미 있는 일을 했다.

《내훈》,《삼강행실도》등을 인쇄해 보급했고,

무너진 유교 질서의 회복을 위하여!

《고려사》,《국조보감》등의 책들도 복간했다.

나는 역사서가 좋더라♪
그중에서도 우리 역사를 다룬...
그중에서도 박○백의 조선왕조실록이... 엥?

《동의보감》이 완성되어 간행된 것도 이때의 일.

《실록》에 허준에 대한 기사는 생각만큼 많지 않다.
어의로 선조의 신임을 받았으며

의학 지식과 약을 씀에 있어선 NO.1 이지

피란 때 호종한 공으로 호성공신에 봉해졌다.

선조가 편두통으로 발작했을 때 허준의 발언은 뜻밖이었다.

소신은 침 놓는 법은 모르옵니다.

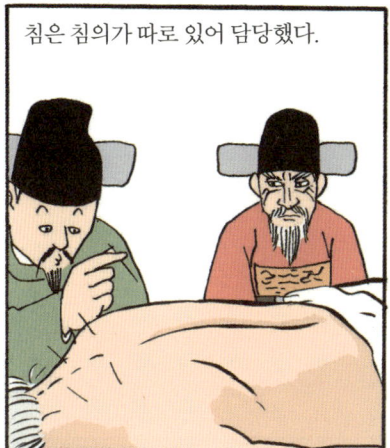

* 천붕(天崩): 임금의 죽음.

이에 신하들이 반대했지만 왕은 뜻을 굽히지 않았다.
됐다. 그만 해라.

이에 대한 사관의 평이 흥미롭다.
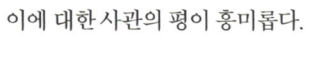
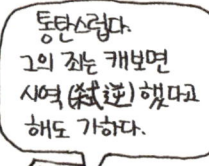
통탄스럽다. 그의 죄를 캐보면 시역(弑逆)했다고 해도 가하다.

광해군과 함께 선조를 죽였다는 서인 일각의 시각을 보여줍니다
전혀 근거 없는.

그리고 다시 이듬해.

양평군 허준은 일찍이 선조께 의방을 찬집하라는 명을 특별히 받고 몇년 동안 자료를 수집했는데 심지어는 유배되어 옮겨 다니고 유리하는 가운데서도 쉬지 않고 저술하여 비로소 책을 엮어 올렸다.
허준에게 숙마 1필을 내려 그 공에 보답하고 이 책은 내의원으로 하여금 국을 설치해 속히 인출케 한 다음 중외에 널리 배포하도록 하라.

《동의보감》에 대한 기록이다.

이후로도 허준은 왕의 수석 주치의로서 역할을 하다가 광해군 7년에 눈을 감았다.

허준을 익사공신에 추증하라.

광해군 초에 있었던 가장 특기할 만한 사건은 대동법의 시범 실시이다.

백성의 의무 가운데 하나인 공납은 본래 지역 특산물을 진상하는 것이었는데,

* 의방(醫方): 병이나 상처를 고치는 방법.

그러나 광해군의 대책은 시대가 요구했던 근본적인 개혁과는 거리가 멀었다.

북방에 대한 대비책도 근본 대책이 되지 못했고,

신분질서의 폐해도 전혀 수정, 보완되지 못했다.

백성의 생활을 안정시킬 대책도 경기도에서 실시한 대동법을 빼고는 이렇다 할 게 없었다.

뒤에 보겠지만, 오히려 끝없이 궁궐 공사를 일으켜 백성을 피폐하게 만들기나 했지,

대부분의 선대 왕처럼 그 역시 보수적이었다. 대동법 확대에 보인 태도는 로비 때문만은 아니었던 것.

시대의 병은 치유되지 못했더라도 초기 몇 년 동안의 모습만 견지했다면 실패는 하지 않았을 것을.

광해군을 실패로 이끈 것, 광해군의 총명을 집어삼켜 버린 것은 바로 옥사였다.

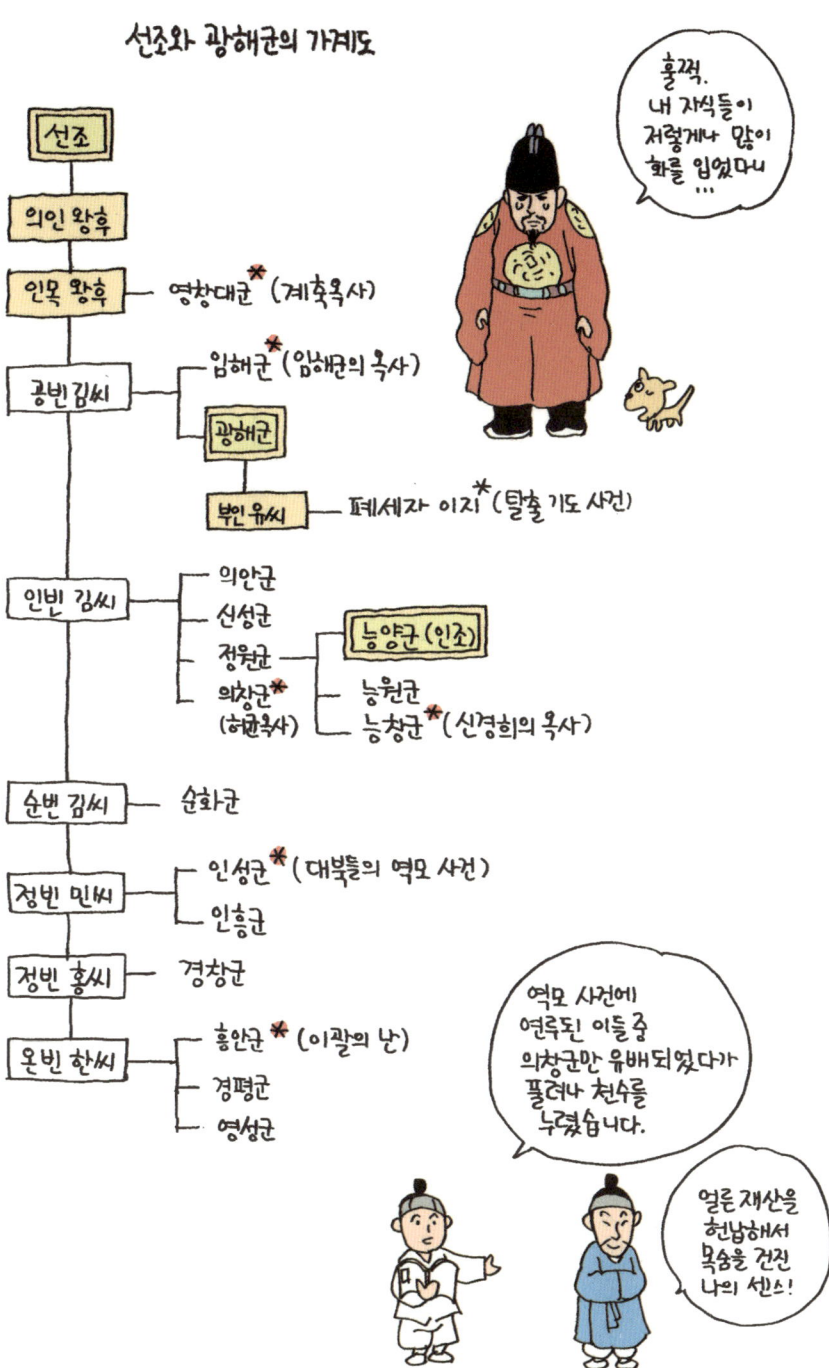

강화도 교동

교동은 해안과 가깝지만 급한 조류로 인해 접근이 쉽지 않아 수시로 살펴야 하는 왕족 등이 주로 유배되었다. 고려 제21대 왕 희종을 시작으로 안평대군, 연산군, 임해군, 능창군 등 11명의 왕족이 교동으로 유배되었다.

제3장

꼬리를 무는
옥사

광해군식 옥사의 시작
-봉산옥사

좀도둑을 잡아도

혹독한 고문을 통해

큰 도둑으로 만들고는 했다.

악명 높은 그가 직접 취조를 하니 겁먹은 걸까?

잡혀온 공문서 위조범 김제세는 뜨거운 맛을 보기도 전에 엄청난 말들을 토해낸다.

잡혀온 그의 아우.

다시 물으면 앞과는 다른 이야기가 나오는 등 횡설수설한다.

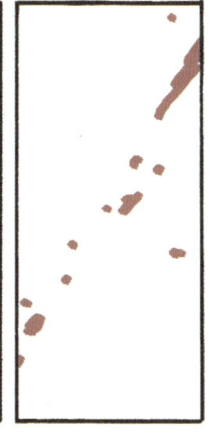

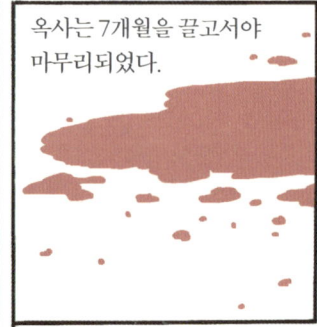

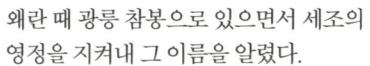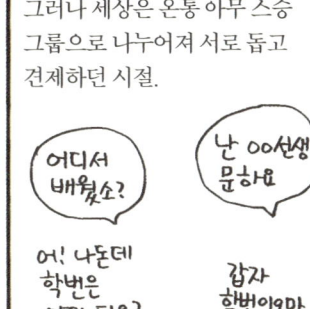

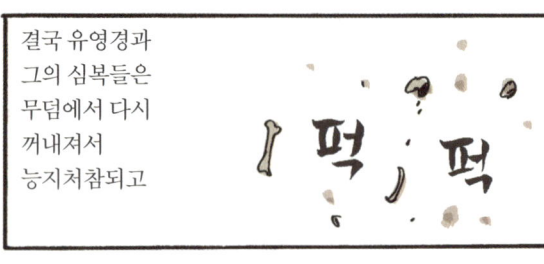

마침내 존호가 올려졌다.

존호를 받은 왕은 공신 책봉으로 보답했는데, 무려 네 가지 공신이 한꺼번에 책봉되었다.

- 위성공신 80명
  ; 왜란 때 분조, 무군사를 따라다닌 이들.
- 익사공신 48명
  ; 임해군의 역모를 처리한 이들.
- 정운공신 11명
  ; 정인홍의 유영경 배척 상소에 기여한 이들.
- 형난공신 24명
  ; 봉산옥사를 처리한 이들.

이 과정을 주도한 이이첨은 이제 유희분, 박승종에 밀리지 않을 핵심 실세로 자리 잡았다.

공신 풍년이로세!

모두 160명이 넘는군.

원종 공신은 수만 명이래.

재밌는 건 셋이 모두 부원군에 봉해졌는데 이때부터 3창이라 불리게 돼. 왠지 알아?

이첨 : 광창부원군
희분 : 문창부원군
승종 : 밀창부원군
그래서 3창이잖아.

제3장 꼬리를 무는 옥사

계축옥사

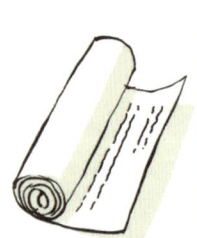

서인의 시각을 반영한 사관의 설명을 다 믿기는 어렵다. 이들의 역모는 과연 실체가 전혀 없는 것일까?

나잇살이나 먹은 사람들이 공동생활을 한 것이며

하나같이 재주가 있고, 그만큼 현실에 불만이 컸던 이들이었다는 것,

그리고 신분에 맞지 않은 강도짓까지……. 그들이 적잖이 수상했던 것만은 분명하다 하겠다.

어쨌든 박응서의 상소를 요약하면,
1. 7년 전 서양갑이
"우리는 뛰어난 재주를 갖고 있으나 뜻을 펴지 못하고 있다. 사나이가 죽는다면 큰 이름을 드러내야 하지 않겠는가?"
라며 맨 먼저 역모를 주창했다.

2. 정협, 박치의, 심우영 등이 뜻을 같이했다.

3. 무신들과의 관계 형성을 위해서는 자금이 필요하다고 여겨 수차례 도적질을 했다.

4. 기본 계획은 아래와 같다.
 一. 300명을 동원해 대궐을 습격한다.
 一. 그러려면 친한 무사가 내금위 수문장 등의 관직을 얻어 내응해야.
 一. 이를 위해 금은을 집정자에게 뇌물로 주어 정협을 훈련대장으로 삼게 한다.
 一. 대궐, 동궁을 차례로 범한 뒤 대비에게 수렴청정을 청한다.
 一. 서양갑이 영의정을 맡고, 친구들이 주요 관직을 차지한다.

다만 계획은 정해졌지만 아직 대대적으로 세력을 모으지 못해 시일은 못 정했고 대비전에도 알리지 못했사옵니다.

거명된 자들과 그들의 가족, 친지, 친구 들이 잡혀 들어오면서 옥사는 시작되었고

왕은 이번에도 직접 나서서 국문을 주도했다.

심우영의 열네 살 난 아들이 형장을 한 대 맞고 자복하고

서양갑이 괴수가 되어 여주, 이천의 군사로 서울을 공격하려 했습니다.

아비 심우영이 뒤를 이었다.

서양갑이 객기가 많아 제갈량에 비기며 도원결의처럼 해보려고 했습니다.

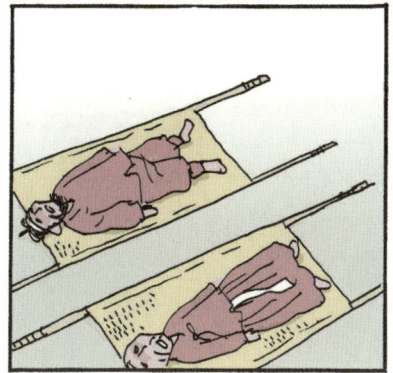

제3장 꼬리를 무는 옥사

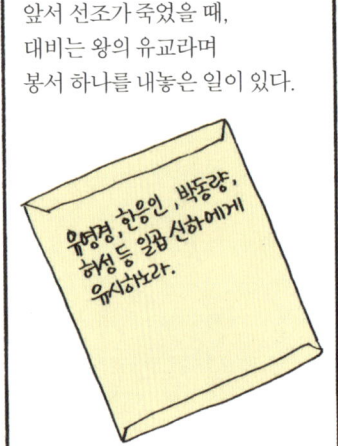

* 환형(轘刑): 팔다리를 각기 다른 수레에 매고 끌어 사지를 찢어 죽이는 형벌 = 거열형

* 복주(伏誅): 형벌을 받아 순순히 죽음. 또는 그렇게 죽게 함.
* 공초(供招): 범죄 사실과 관련한 죄인의 진술.

폐모론을 둘러싸고

이이첨의 폐모론이 주춤한 사이, 이 시대 가장 용감한 발언과 상소 들이 줄을 이었다.

안위가 처벌받지 않자 간적의 무리가 역모 고변을 죽음을 피하는 수단으로 여기고 있나이다.

김덕룡이란 자는 간음하다 붙들리자 고변했고 김언춘이란 자는 도둑질하다 붙들리자 모역을 행했다고 칭했사옵니다.

선왕께오선 역적을 많이 다스렸지만 법을 쓰심에 준엄하여 친국이 여러 날 계속된 적이 없었으며 무고죄는 반드시 다스리고 용서하지 않아서 역모가 스스로 그치고 민심이 화합되게 하시었습니다.
(광해군 6, 5, 5. 장령 배대유가 아뢰다.)

감히 전조의 일을 끌어들여 역적 토벌의 논의를 늦추려는가? 전조에도 오늘날과 같은 동기의 변이 있었더냐?

분노한 왕은 벌을 주려 했으나

승정원, 대간이 모두 반대해 그만두었다.

이창록이라는 이는 초강경 상소를 올렸다가 목이 잘렸다.

형을 죽이고 동생을 죽이고 오호라! 이상도 하다. 군자는 다 어디로 갔는가 소인들은 의기양양하고 간담이 조정에 가득하니 나라를 보전하기 어렵겠구나. 착하지 못한 사람이 우리 임금이 되었도다 ......

병으로 물러나 있던 완평부원군 이원익도 글을 올렸다.

지금 항간에 떠도는 말을 들으니 이로 인해 장차 대비에게 미치겠다고들 합니다. 신은 그만 놀라고 간담이 철렁 내려앉아 혼비백산하였나이다.
어미는 자식을 사랑하지 않아도 자식은 효도하지 않을 수 없는 것으로 ......
(광해군 7, 2, 5.)

완평부원군에게 가서 물어보아라. 어디서 그런 말을 듣고 과인을 놀라게 하는지를.

신의 망령된 차자는 신의 마음에서 나온 것이지 항간의 말로 인한 것이 아니옵니다.

경은 불효가 어떤 죄인데 과인을 의심하고 항간의 말을 믿는 거요? 어째서 나를 항간의 사람만도 못하게 대하는 것이오?

내가 경에게 무슨 죄를 지었다고 이런 말을 들어야 하는 것이냐 이 말이오?

이원익은 결국 삭탈관직되어 유배 길에 올랐다.

아니라면 그런 다행이 없겠나이다.

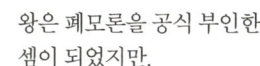
왕은 폐모론을 공식 부인한 셈이 되었지만,

삭직했던 정조, 윤인은 복귀시켜 속내는 사뭇 다름을 드러냈다.

그리고 나 이이첨은 비록 성공에 이르지는 못했지만 폐모론을 제기해 전하의 절대적 신임을 얻었지. 목표 달성!

그에 따라 조신과 유생은 더욱 몰려들었고, 그가 이끄는 대북이 권력을 장악하게 되었다.

* 차자(箚子): 정해진 격식을 갖추지 않고 사실만 간단히 적어 올린 상소문.

천하가 온통 이이첨의 것처럼 비쳐지던 광해군 8년 12월, 그의 전횡을 비판하는 성균관 유생의 상소 한 장이 이이첨의 간담을 서늘하게 했다.

… 신이 삼가 보건대 근래의 고굉(대신), 이목(대관), 후설(승정원), 논사(홍문관), 전선(이, 병조)을 담당하고 있는 관리들은 이이첨의 복심이 아닌 자가 없사옵니다. 간혹 그들의 무리가 아니면서 한두 사람 그 사이에 섞여 있는 자들은 사람됨이 무르고 행실에 줏대가 없으며 시세를 살펴 아첨이나 하면서 세상이 흐르는 대로 따라 사는 자들이옵니다.

그러므로 무릇 대각이 올린 글이면 전하께오선 반드시 대각에서 나온 것이라 여기시겠지만 사실은 이이첨에게서 나온 것이며, 옥당이 올린 차자도, 전조의 인사 추천도 실은 모두 이이첨에게서 나온 것이옵니다 ……

관학 유생에 이르러서도 그의 파당이 아닌 자가 없나이다. 그러므로 관학의 소장이 겉으로 곧고 격렬하지만 속은 실제로 아첨하고 별볼일 내용이 아닌 것이 없습니다.

성상께오선 깊고 깊은 궁궐에 계셔서 그가 이토록 권세를 부리고 있음을 모르고 계십니까? 아니면 아시면서도 그를 어질다고 여겨 의심하지 않으신 것이옵니까?
그렇다면 신이 바로 밝혀드리겠나이다.
(이하 과거가 어떻게 이이첨의 당류에 의해 농락되고 있는지를 비롯해 몇 가지 사례를 구체적으로 거론함.)

삼가 성상께오선 먼저 이이첨이 위복을 멋대로 농단한 죄를 다스리시고 다음에 유희분과 박승종이 임금을 잊고 나라를 저버린 죄를 다스리소서. 그 나머지 이이첨의 복심과 도당들에 대해선 당여를 모두 제거하자는 율법과 위협에 못 이겨 따른 자는 용서한다는 율법을 구분해 쓰소서. 그러면 종사에 다행이겠습니다.

《춘추》에 이르길, 만연되면 제거하기 어렵다 했는데 지금 이미 만연되었으니 제거하기가 참으로 어렵습니다. 전하께오선 조심하고 또 조심하소서.

(이하 죽음을 각오한 마음과 아비는 벌하지 말아달라는 바람 피력.)

상소를 올린 유생은 죽음을 면하고 유배 길에 올랐다.

유생의 이름은 윤선도였다.

*복심(腹心): 마음 깊이 믿는 사람.
*위복(威福): 벌이나 상을 주는 임금의 권력.

허균의 옥사

윤선도의 상소가 있기 전, 신경희의 옥사가 있었다.

이이첨의 측근인 신경희 등이 능창군 이전을 옹립하는 역모를 꾀했다는 게 사건의 요지.

이를 이이첨 제압의 기회로 여긴 박승종은 이렇게 소리쳤다나.

"과연 역적이 가까이 있었도다!"

그런데 이 사건은 소명국이 꾸며댄 것이었다. 소명국과 신경희는 가까이 지냈는데

"끝나고 한잔?" "좋지!"

이즈음 틀어지면서 신경희가 그의 음행을 들추어 공격했고

이에 옥에 갇힌 소명국이 역모를 꾸며 고변한 것.

"신은 정인홍의 고제요 이첨의 친구이옵니다. 무슨 까닭에 역모를 꾀하겠나이까?"

그런데 소명국은 머리 회전이 빠른 데다 달변인 사내.

"신과 경희는 친하게 지내왔나이다. 신이 그의 역모를 고변하려 하지 않았다면 그가 왜 신을 죽이려 했겠나이까?"

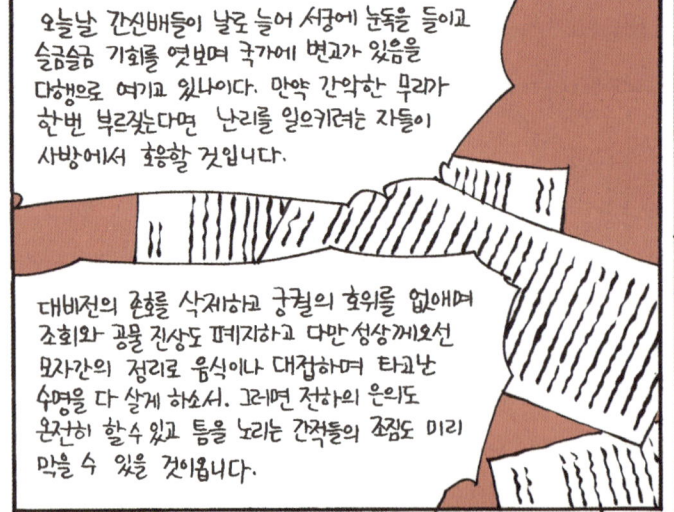

이 일에 대해 대신들의 의견을 묻도록 하라.

물러나 있던 이항복

이 계책을 창도한 자가 누구인지는 모르겠사오나 임금께는 요순의 도리가 아니면 아뢰지 않는 법이옵니다.

부모가 설사 사랑하지 않을지라도 자식은 효도하지 않을 수 없는 것이기에 《춘추》의 의리에도 자식이 어미를 원수로 대하는 뜻이 없나이다.

영의정 기자헌도 반대의 뜻을 밝히는 차자를 올렸다.

라며 이이첨과 같은 주장을 폈다.

정인홍은

신하로선 함께 살아갈 수 없는 의리가 있고, 모자지간에는 바꿀 수 없는 명분이 있는 것이니, 이 두 가지 모두 그 도리를 다한 뒤에야 후회가 없을 것입니다.

존호와 대비로서의 각종 예우는 폐하되 후궁 정도로 격을 낮춰 살게 해주는 것이 적절한 해법이지.

의견이 분분하니 백관의 의견을 모으도록 하라.

이이첨, 허균의 휘하인 강경파가 분위기를 주도하는 가운데

역모를 배후조종한 이를 신하 된 몸으로 어찌 모시고 살 수 있겠소이까?

다수는 발을 빼는 모습을 보였다.

의정부의 논의에 따르겠습니다.

저도…

저도…

상당수의 사람들은 논의의 장에 불참했다.

강경론자들은 폐모에 반대한 이항복, 기자헌을 탄핵하는 한편,

논의 불참자까지도 공격하고 나섰다.

결국 이항복과 기자헌은 유배된다.

이때 기자헌의 아들 기준격이 허균의 역모 혐의를 고발하는 상소를 올렸다.

기자헌은 불교에 심취해 허균과 가까이 지냈고

아들 기준격을 허균 밑에서 공부하게 했다.

거침없는 성격의 허균은 제자 앞에서 그다지 발언을 삼가지 않았던 모양.

기준격은 허균에게서 직접 들은 이야기라며 각종 역모성 발언들과

서양갑 관련 이야기,

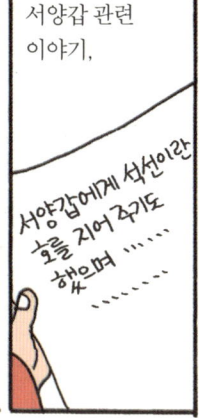

정도전을 흠모했다는 사실 등을 고발했다.

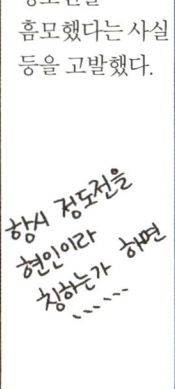

소식을 접한 신하들.

그러나 왕은 이번에도 상소를 내리지 않은 채 조사를 명하지도 않았다.

폐모론은 이제 막바지에 다다르고 있었다.

백관은 매일같이 대비에 대한 처리를 요구하고 나섰다.

이윽고 왕이 명을 내렸다.

말은 나름대로 근사하게 했지만, 임해군이나 영창대군 처리 때처럼 이는 왕의 진심이 아니었다.

좌의정 이하가 일일이 의논해 상세한 조목을 만들어 올렸다.

- 존호를 낮춘다.
- 옥책, 옥보를 회수한다.
- 대비라는 두 글자를 없애고 서궁이라 칭한다.
- 국혼 때의 납징, 납폐 등의 문서를 회수한다.
- 조알, 문안, 숙배를 폐지한다.
- 공헌을 없앤다.
- 서궁의 진배는 후궁의 예에 따르며
- 공주의 늠료와 혼인은 옹주의 예에 따른다.
...

그러나 왕은 이를 재가하려 하지 않았다.

왕은 신하들이 이래주기를 바랐던 것이다.

전하께오선 단지 서궁이라 칭할 것만 하교하셨으나 역적의 수괴 노릇을 한 것이 드러난 이상 폐서인하고 출궁하게 하심이 옳은 줄 아옵니다.

사관은 왕의 의도를 이렇게 추측하고 있는데

그렇게 출궁시킨 다음 임해, 영창의 전례를 따라 제거하려고 했다.

전후 과정을 보건대 옳은 추정인 듯하다.

왕의 이런 마음을 이이첨은 몰랐을까?

모를 리 있나? 왕의 의중을 읽는 데는 귀재인 내가.
그러나 그렇게는 곤란하지.

그렇게 끝장을 보았다간 모든 비난을 내가 뒤집어쓰게 되거든. 주상 전하의 신임이 아무리 확고해도 사대부 전체의 마음을 산다면 권력을 유지할 수 없는 법이니까.

앞서 보았듯 정인홍의 생각도 다르지 않았다.

너무 나가면 곤란합니다. 아들이 어미를 죽일 수야 없지요.

소북들은 더욱 그랬다.

지금 올린 조목도 훗날에 욕들을 게 뻔한 것을.
에이~ 대북놈들!

＊옥책(玉册), 옥보(玉寶): 왕이나 왕비의 덕을 기리는 글을 새긴 옥 조각을 엮어서 만든 책과 존호를 새긴 도장.
＊납징(納徵), 납폐(納幣): 혼인할 때 신랑 집에서 신부 집으로 보내는 폐백과 그 문서.
＊늠료(廩料): 벼슬아치들에게 주는 봉급.

그러나 거부한다고 넘어갈 수 있는 상황인가? 강제 서명 뒤

참혹한 죽음을 맞았다.

그는 과연 역모를 꾀했을까?

"이단적 사상의 보유자인 데다"

"수단, 방법을 가리지 않는 행동주의자인 걸로 봐선"

"사실인 듯한데 마지막의 절규가 영 걸린단 말야."

역모를 꾀했다면 어떤 성격의 역모였을까?

"적어도 이 시대의 다른 역모들과는 달랐을 거야. 그의 성향으로 보건대 신분질서를 타파하는 혁명을 꿈꿨을지도."

"《홍길동전》을 그가 지은 게 맞다면 그 정도는 아니지 싶은데. 서자에 대한 문제의식은 있지만 신분제 자체에 대해선 별다른 인식도 대안도 보이지 않잖아."

진술도 받지 않은 채 죽여버려서 진실에 접근하기가 어렵기만 하다.

압록강
누르하치가 후금을 건국하고 1618년 명에 선전포고를 하자, 명은 조선에 파병을 요구한다. 도원수 강홍립 등 1만 3,000여 명의 병사가 압록강을 건넜으나, 후금과 적대할 의사가 없다는 광해군의 뜻을 잘 관철한 강홍립은 조선군을 끌고 후금에 투항한다.

제4장

고독한
중립 외교

파병논쟁

중원의 지배자 명나라는 만력황제의 사치, 방탕과 근무 태만,

조선 파병을 비롯한 여러 차례의 원정에 따른 재정 고갈 등이 얽혀

쇠약의 길을 걷고 있었다.

반면 그들의 지배를 받던 건주 여진의 추장 누르하치는 급격히 힘을 키워갔으니…….

명나라의 여진 지배방식은 분리 통치.

부족별로 조각조각 쪼개서 서로 아웅다웅하게 만드는 거야.

놈들이 통일되면 골치 아프거든.

대신에 각 부족의 추장들에게는 벼슬과

경제적 이권을 주어 다독거려왔다.

복종만 하면 언제까지나 풍족하게 살게 해준다.

그해 윤4월(광해군 10년), 요동의 무원으로부터 다급한 자문이 왔다.

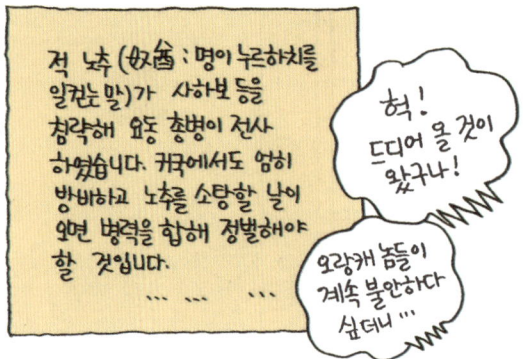

당시 조선 사대부들이 명나라에 대해 갖고 있던 생각은 이러했다.

그 때문에 다음과 같은 비변사의 즉각적인 입장 개진은 당연하다 하겠다.

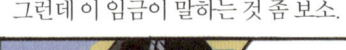

그런데 이 임금이 말하는 것 좀 보소.

비변사는 왕의 생각이 자신들과 크게 다름을 알았다.

왕은 후금은 물론 명나라의 정세도 면밀히 탐지할 것을 명하는 한편

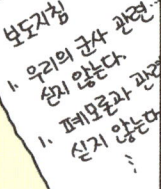

국내 사정이 명나라에 알려지는 걸 막기 위해 〈조보〉에 대해서도 검열토록 했다.

이때 요동의 총책임자는 경략 양호로, 왜란 때 참전했던 인물.

조선의 사정을 설명하러 자문을 갖고 떠난 이잠을 만나 조선의 입장, 정확하는 광해군의 입장을 확인했다.

그리고 보내온 자문.(요약)

조선 국왕 전하께.
보내온 조선의 자문을 보니 내용이 관망하는 듯하고 뜻도 굳세 보이지 않았습니다.
생각건대 노추를 정벌하는 일은 본조를 위한 일이기도 하지만 왕의 나라를 위한 일이기도 합니다.
정병 만명을 뽑아 한 달가량의 양식을 마련한 뒤 왕의 나라 국경에 대기시키십시오. 그리고 병력의 정확한 수, 대장, 편장 들에 대한 정보 등등을 자세히 적사하고 노추와 가까운 지역의 지도를 그려 보내십시오.

경략 양호.

조선의 조신들은 경악했다.

심하전투와 강홍립의 투항

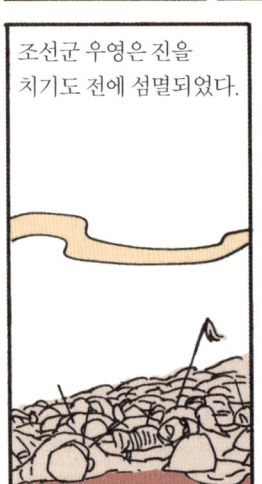

외로운 섬 광해군

* 위망(危亡): 매우 위태로워서 망할 것 같은 지경.

그렇게 주변 정세는 숨 가쁘게 돌아가는데, 비변사도 대간도 사대부도 과거의 생각에서 한 발짝도 벗어나려 하지 않았다.

이 물음에 대한 비변사의 답변이 이 시대 백관과 사대부의 공통된 생각을 잘 보여준다.

제4장 고독한 중립 외교 167

"무장들도 마찬가지. 올린 상소들을 보면 하나같이 진군해 결전을 벌이자는 것이니 내 가상히 여긴다. 한데 어찌하여 서쪽 변경을 죽는 곳이라도 되는 양 두려워하는가?"

그래도 신하들의 생각은 변하지 않았다.

"일편단심 중국 사랑."
"오랑캐는 어버이 중국의 원수!"

이제 후금과의 외교문서 교환은 피하기 힘든 일이 되었건만 여전히 반대하고

"외교 문서 교환은 아니 되옵니다. 중국이 알면 무어라 하겠나이까?"
"정 보내야 한다면 말단 관리의 이름으로나…"
"강물의 얼음이 풀리지 않은 이때"
"오랑캐의 기병이 가까운 곳에 왔으니 토벌의 뜻을 변방 장수들에게 명하심이 어떠하올는지요?"

허황된 주장을 늘어놓기도 일쑤였다.

"도대체 뇌가 있긴 하냐?"

더 심각한 일은 비변사의 태업이었다. 후금과 관계된 일이면 누구도 책임지려 하지 않았다.

"어서 의논해 처리하오."
"이는 중대한 일인데 신들 몇 사람이 어찌 의논해 처리할 수 있겠나이까?"
"2품 이상의 의견을 묻고 외방에 있는 대신들에게도 의견을 구해 처리하소서."
"영상에게 물어봇서."
"오늘은 등청한 이가 많지 않으니 다음으로 미루심이…"
"신은 전문가가 아니어서…"

제4장 고독한 중립 외교

광해군묘
1641년 7월 광해군이 유배지인 제주도에서 사망하자 이곳으로 운구해 대군의 예에 따라 장례를 치렀다.
광해군보다 앞서 1623년 10월 강화도에서 사망한 부인 폐비 유씨의 묘와 나란히 있다.
경기도 남양주시 진건읍 송능리 소재.

제5장

모래 위의 성

음양술에 빠진 왕

음양술은 왕을 끝없는 궁궐 공사로 이끌었다.

전쟁으로 궁궐들이 다 불타버리고

환도한 선조는 옛 월산대군의 집을 임시 궁으로 삼았다.(경운궁)

아쉬운 대로 수리해 쓰면서 창덕궁 재건 공사를 시작했는데

죽고 난 이후 광해군 2년에야 완공을 보았다. 재정이 부족해 공사에 힘을 집중하기 어려웠기 때문이다.

그러나 창덕궁 공사가 끝나자마자 왕은 또 창경궁도 중수할 것을 명했다.

삼사가 적극 반대하자

아니 되옵니다!
백성은 힘이 다했고 재정은 바닥인데...

그대들 말이 옳다. 이처럼 백성이 곤궁하고 재정은 바닥나 나랏일이 어려운 때 토목 공사를 일으키는 게 불가한 일임을 내 어찌 모르겠느냐?

강력해 보였던 왕권

왕은 허균의 옥사를 겪고 큰 충격을 받았다.

허균에게 한번 물어보지도 못한 채 죽여야 했어. 이이첨의 위세 때문에.

유희분이 이를 문제 삼았더랬다.

단서가 나오기 무섭게 형을 시행해버려 마치도 허균의 입에서 말이 나오는 것을 두려워하는 듯했으니 신은 그 의도를 모르겠나이다.

허균과 관련해 여러 말이 나오는 모양인데 신은 일생을 나라에 몸바쳐 역적을 토벌해 왔사옵니다.

조종조 이래 모든 역적에 대해서는 엄히 심문하여 자복을 받은 뒤 형을 시행했는데 유독 허균은 심문하지 않았으니 온당치 않은 일이었습니다.

이이첨은 그렇게 오래 역적을 토벌해 왔으니 옥사를 처리하는 데 익숙할 텐데 왜 그렇게 처리했는지 신은 의아하옵니다.

그리고 이첨이 국정을 장악한 이래 심복으로 삼은 이가 바로 신경희, 허균의 무리였사옵니다.

제5장 모래 위의 성

그의 힘을 더욱 강력하게 만든 것은 연이은 옥사였다.

직접 국문하며 수사를 지휘하고

냉혹하고 무자비하게 고문하며 옥사를 키우는 왕이었다.

연산을 빼곤 이런 임금이 없었지.

신하들은 행여나 불똥이 튈세라 몸을 낮추고

지당하신 분부이시옵니다.

존호를 올려 왕의 환심을 사기에 바빴다. 왜란 때 나라를 구한 일, 임해·영창의 역모를 처리한 일, 황제로부터 칭찬하는 칙서를 받은 일 등 무려 여섯 번에 걸쳐 존호를 올렸다.(총 48자)

생전에 한 번도 존호를 받지 못한 왕도 많은데.

경연에도 몇 번 나가지 않았다.

경연 불참은 강한 왕들의 특징이지. 태종, 세조, 연산.

반대를 물리치고 궁궐 공사를 연이어 벌여나갔고

세조처럼 원구단을 지어 황제가 그러듯이 직접 하늘에 제사를 지내려고도 했다.
(신하들의 반대로 시행하지는 않은 듯.)

이는 제후의 예가 아니옵니다.

사헌부 관리들에게 순번대로 돌아가며 서궁을 숙직하게도 했다.

근래에 이렇게 강력한 군주가 있었던가? 그랬는데…….

그렇다. 왕의 권위를 드높여준 듯이 보였던 옥사가 문제였다.

세자 시절의 불안과 울분에 대한 반작용으로 왕은 자신에게 조금이라도 위해가 될 것 같으면 뿌리를 캐려고 들었다.

그런 그의 마음을 알아준 이가 바로 이이첨이었다.

왕은 그에게 힘을 실어주었고, 그에 반비례하여 타 정파와 사대부들은 소외되어갔다.

인조반정

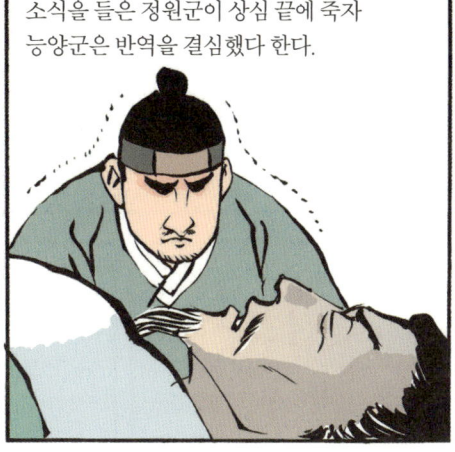

반정을 꾀하던 이들은 이제 모두 역적의 이름을 쓰고 멸문의 화를 당할 처지로 몰렸다.

이귀는 정면 돌파 전략을 썼고

김자점은 뇌물을 써서 로비를 했다.

상궁 김개시(김개똥)! 사극에서 주연급으로 등장하는 그녀의 외모를 《광해군일기》는 이렇게 쓰고 있다.

그러나 그녀의 총기를 높이 산 중전 유씨가 아꼈고

중전 덕에 왕을 모실 기회를 가졌다.

광해군도 그녀의 총명함에 매료되었다.

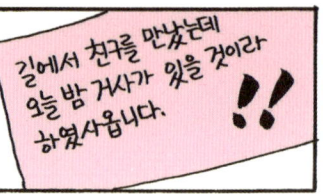

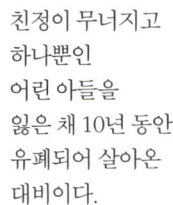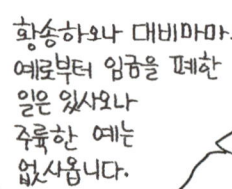

* 책명(策命): 임금이 신하에게 내리는 명령을 적은 글.
* 주벌(誅罰): 죄인을 처벌함.

이날 대비의 명의로 광해군을 폐위하는 교서가 반포되었는데, 반정 측이 내세운 명분이 잘 담겨 있다.

> 왕대비는 이르노라!
>
> … 그는 동궁에 있을 때부터 잘못하는 행위가 드러났으므로 선조께서 나중에 몹시 후회하고 한스럽게 여기셨다. 왕위를 계승한 뒤로는 도리에 어긋난 것을 그지없이 했다. (자신의 친가를 몰살한 일, 품 속의 어린 자식을 빼앗다 죽이고 모후인 자신을 유폐한 일.)
>
> 그는 인간의 도리라고는 조금도 없는 자이다.
> (여러 차례의 옥사로 무고한 사람을 죽인 일, 민가 수천 호를 철거하고 두 궁궐 공사를 10년 넘게 벌인 일, 선왕의 원로 대신들을 축출한 일.)
>
> 어디 그 뿐인가? 중국과 우리는 의리에 있어선 군신의 사이요, 은혜에 있어서는 부자의 사이와 같다. 임진년의 재조지은은 영원히 잊을 수 없는데 광해는 은덕을 저버리고 천자의 명을 두려워하지 않았으며 배반의 마음을 품고 오랑캐와 화친했다. (강홍립으로 하여금 항복하게 한 일.)
>
> 이런 죄악을 저지른 자가 어떻게 나라의 임금으로서 백성의 부모가 될 수 있으며 조종의 보위에 앉아 종묘 사직의 신령을 받들 수 있겠는가?
>
> 이에 그를 폐위하노라!

제5장 모래 위의 성

그후

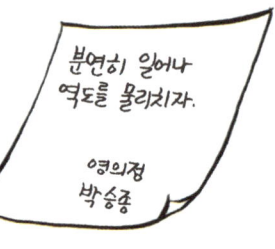

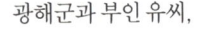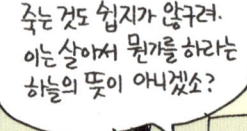

인조 19년 7월,
그는 마침내 세상과 작별했다.
향년 67세.

더운 바람이 비를 몰아 성곽 위에 뿌리고
후덥지근한 장기(瘴氣)는 백 척의 누각에 끓어오르네.
거센 바다 성난 파도는 땅거미를 부르고
푸른 산 시름겨운 모습은 맑은 가을을 보내오네.
돌아가고픈 마음에 왕손(王孫)의 풀만 늘 바라보건만
과객의 꿈은 제자(帝子)의 물가를 보고 놀라 깨었네.
고국의 흥망은 소식조차 끊어지고
안개 짙은 강 배 위에 외로이 누워 있네.

(광해군이 교동에서 제주로
이배될 때 지은 시)

세자 시절의 아픈 경험으로부터
조금만 자유로웠다면

빛나는 외교에서 보이듯
도그마에 사로잡히지 않은 열린 이성과
현실감각, 그리고 유려한 솜씨로
내치도 성공을 거두었으리라.

그런 상황을 만든
부왕 선조의
책임이 크겠지만

누굴 탓하랴.
극복하지 못한
자신의 몫인 것을.

명재상들, 그리고 곽재우

광해군 초기에 영의정으로 있으면서 대동법의 시범 실시를 주도하기도 했지만,

영의정 자리에 있으려 하지 않았다. 한사코 사직서를 올리더니

이게 벌써 몇십 번째야?

마침내 물러났다.

성은이…

그의 생각은 이랬던 것 같다.

있어 봐야 내 말에 힘이 실리지도 않을 테고 뒷날에 오명이나 얻게 될 게야.

전하께선 오직 정인홍, 이이첨, 유희분 등의 말에만 귀를 기울이셔.

그렇게 물러나 있다가 폐모의 분위기가 감지되니까 글을 올려 반대하고 유배되었다.

말년에 풀려나 있다가 인조반정 뒤 다시 영의정을 맡기도 했다.

민심 수습을 위한 얼굴 마담이 필요하거든

이덕형은 스무 살에 과거 급제한 수재로, 전쟁 중에는 대동강에서 고니시와 만나 회담하기도 했다.

명나라가 목적이었으면 절강으로 갈 일이지 왜 조선으로 왔소?

청원사로 명나라에 가서
파병을 이끌어내는 데 크게
기여했다.

다섯 살 위인 이항복과
재주나 덕망이 비슷하다는
평을 받았으나, 조금 먼저
정승에 올랐다.
겨우 38세 때의 일.

이산해의 사위였지만, 북인과
행보를 함께하지 않았다.

영창대군에 대해 전은론을
펴서 삭탈관직되었고,

몇 달 뒤 고향집에서 죽었다.
향년 53세.

이덕형과 과거 동기인
이항복은 임란 때 현실적인
판단으로 선조의 신뢰를
받았다.

몸집이 크고,
농담을 좋아했으며,
군사 일에
정통했다.

광해군 즉위 뒤에는 정승으로 있으면서 훈련도감 도제조, 체찰사의 일을 겸해 정인홍 등의 공격을 많이 받았다.

폐모론에 반대하다가 유배되어

몇 달 뒤 유배지인 북청에서 죽었다.

이덕형, 이항복도 광해군을 보는 시각은 이원익과 같아서

끝없는 사직 상소로 광해군을 노엽게 하기도 했다.

이들이 보기 드문 재상인 것은 하나같이 능력이 출중한 데도 있었지만

셋 모두 당파 간 정쟁에 거리를 둔 무당파적인 인물들이었다는 것. 그리고 재상으로서 결정적으로 필요할 때 할 말을 했다는 데 있다 하겠다.

탁월한 의병장이었던 곽재우는 전쟁 이후 재야 선비로서도 주목할 만한 모습을 보여주었다.

조식의 사위이자 제자답게 전쟁이 끝나자 벼슬길에 나아가기를 거부했다. 이때 올린 글에서 이원익을 높이 평가했는가 하면

과감하게 일본과의 화친을 주장했다.

무릇 화친이란 이름은 하나이지만 그 이유는 하나가 아닙니다. 화친을 믿고서 방비를 잊는 자는 망하고 화친을 말하며 마음을 다해 방비에 애쓰는 자는 보전되는 법입니다.

적을 통제하는 길도 화친보다 나은 게 없고 적을 태만하게 하고 잘못되게 하는 데도 화친보다 나은 게 없으며 전쟁을 중지하고 백성을 쉬게 하는 데도 화친보다 나은 것이 없사옵니다.

정인홍은 수차례 이원익을 깎아내렸죠.

아니! 이런 망발을!!

제5장 모래 위의 성 207

작가 후기

조선은 유교를 국시로 하는 나라다. 이 때문에 왕들은 세자 시절에는 서연을 통해, 왕이 되고 나서는 경연이나 신하들의 간쟁, 상소 등을 통해 끊임없이 유교식으로 생각하고 통치할 것을 요구받았다. 그러나 정치는 현실이고 권력을 장악, 유지, 강화하려는 여러 세력의 요구가 늘 부딪치게 마련이다. 이로 인해 유교의 가르침과는 사뭇 다른 정치 사건들이 발생하게 된다. 왕이란 본디 고독한 존재다. 형제나 가까운 친척들은 잠재적 경쟁자인 데다 신하들도 틈만 나면 자신들의 권력을 강화하려 하며, 심지어는 왕위의 찬탈을 노리기도 한다. 이런 환경 때문에 정치 교과서보다 개인적인 경험이 왕의 리더십을 형성하는 데 더 크게 영향을 끼치게 되는 모양이다.

앞서 제7권 연산군 편의 서두 '경험의 정치'에서 개국 이래 각 왕들의 경험과 리더십의 상관관계를 정리한 바 있다. 왕은 대부분 자신이 즉위 이전에 겪은 인상적인 경험이나 부왕의 경험으로부터 깊은 영향을 받았다. 이후 왕들도 마찬가지여서 대간들에게 시달리는 성종을 보며 자란 연산군은 강력한 전제군주를 꿈꾸었고, 그토록 강력했던 연산군이 신하들에 의해 끌어내려지는 것을 본 중종은 재위 내내 신하들을 경계하며 여러 차례 옥사를 일으켰다.

정세를 바로 볼 줄 아는 혜안과 옳다고 믿는 바를 끝까지 밀어붙일 줄 아는 추진력을 겸비했음에도 광해군이 실패했던 것도 바로 경험 때문이다. 경험을 활용하지 못하고 경험에 사로

잡혔던 것이다. 광해군 자신뿐 아니라 조선과 조선 백성에게도 참으로 안타까운 일이었다.

폐모론 당시 대북파의 한 유생은 '소북은 서궁이 화근이 된다는 걸 알면서도 대북과 다르다는 걸 보이기 위해 침묵하고, 남인은 은밀히 서인과 한패가 되고 있으며, 서인은 줄곧 서궁에 마음을 두고 있다'는 상소를 올렸다. 결과적으로 이 상소는 인조반정에 대한 놀라우리만큼 예언적인 분석이 되었다. 인조반정은 선조 시절 북인에게 패배한 이래 30년 가까이 권력에서 배제되어온 서인에 의한 회심의 한판 뒤집기라 할 것이다. 이런 각도에서의 인조반정에 대한 좀 더 자세한 설명은 다음 12권 인조 편에서 할 생각이다.

11권도 많이 늦어졌다. 어떻게든 작년에 내고 싶었는데 해를 넘기고 말았다. 기다려주는 독자들에게는 그저 송구할 따름이다. 올해엔 무조건 12, 13권까지 나와야 한다고 편집자는 벌써부터 압박인데, 사실 새해를 맞는 다짐이기도 하다.

《광해군일기》 연표

1608 즉위년
2. 2 왕대비와 대신들이 즉위를 청하다. 왕대비가 고명7신에게 내린 선조의 유교를 공개하다. 정릉동 행궁의 서청에서 즉위하다.
2.12 완산군 이축 등이 유영경의 아홉 가지 죄를 말하며 벨 것을 청하다.
2.13 함흥 판관 이거가 언로를 열 것 등을 거론하며 그 일환으로 정인홍을 석방할 것을 상소하여 청하다.
2.14 장령 윤양, 지평 민덕남 등이 임해군 이진이 불궤를 도모한다고 아뢰다. 임해군이 여장을 하고 업혀나가다 순검에게 발각되다. 삼사가 임해군의 절도안치를 청하자 받아들이다.
2.20 임해군을 강화도에 위리안치하게 하다. 유영경을 삭탈관직하다.
2.23 정인홍을 석방하다.
2.25 비망기로 탕평 인사를 유시하다.
3.15 유영경을 유배하다.
3.22 허준을 중도부처에 처하다.
3.26 대사헌 정구가 임해군에 대한 은혜를 청하다.
4. 1 이덕형이 상소하여 임해군의 옥사 완화를 청하다.
4.22 유영경의 측근들을 중도부처에 처하다.
5. 7 영의정 이원익의 건의를 받아들여 선혜청을 설치하다.
6.15 임해군의 병이 사실인지 조사하러 명나라 관리가 오다.
7. 7 정인홍이 차자를 올려 전은론은 곧 역적을 비호하는 것이라고 주장하다.
8. 6 임해군의 옥사에 대한 교서를 반포하다.
8.13 윤근수가 차자를 올려 곽재우의 중용을 청하다.
9. 1 유영경의 자결을 명하다.
12.17 이덕형이 명나라에서 돌아와 책봉이 인준되었음을 아뢰다.

1609 광해군 1년
3. 5 선혜법(대동법)의 폐지 여부에 대한 대신들의 의견을 듣다.
4.29 임해군이 졸하다.
8.13 이원익이 스물세 번의 사직소 끝에 영의정에서 물러나다. 유희분의 요청에 따라 이이첨을 의주부 윤으로 삼다.
8.23 이산해가 졸하다.
10.16 북방 오랑캐에 대한 방비를 철저히 할 것을 명하다.
11.22 허준을 석방하겠다는 뜻을 나타내다.

1610 광해군 2년
1. 7 창덕궁 공사가 끝났는데도 봄에 다시 궁궐 공사를 명하자 사간원이 글을 올려 민생 구제의 필요와 변방 대비를 들어 반대하다.
1.13 무기를 많이 제작하라 명하다.
1.16 명나라에서 화약 제작에 필요한 염초를 많이 사들여오게 하다.
2. 5 선혜청이 대동법 반대자들의 방해공작을 아뢰고 계속 실시할 필요가 있다고 주장하다.
3. 7 이황과 이준경을 배향공신으로 정하다.
3.15 의주부 윤 이이첨이 병을 핑계로 물러나기를 청하자 들어주다.
3.29 공빈 김씨를 공성왕후로 추숭하다.
윤 3.22 《용비어천가》, 《내훈》 등을 인쇄토록 명하다.
5.22 기축옥사로 죽은 이발 등의 재산 환급을 명하다.
7. 4 신하들의 강력한 반대로 공성왕후를 종묘에 모시려던 뜻을 접다.
7.16 대신들이 오현 종사에 찬성한다고 예조가 아뢰자 이를 허락하다.
8. 6 양평군 허준을 칭찬하고 《동의보감》을 인출하여 배포하라 명하다.
9. 6 비변사가 호패법의 실시를 건의하니 따르다.
9.14 곽재우가 상소하여 요역 경감, 토목공사 축소, 선혜법의 확대 적용 등을 청하다.
11. 3 별시를 실시해 19명을 뽑았는데, 사사로운 관계를 이용해서 박승종의 아들, 허균의 조카 등을 뽑았다는 비난이 일다.
11.22 강원도 관찰사 홍서봉이 보고서를 올려 강원도에도 선혜법을 실시할 것을 청했으나 단호히 반대하다.
12.11 《고려익》를 속히 인쇄토록 하다.
12.29 별시에서 대독관을 맡았던 허균이 사사로운 관계를 이용한 혐의로 유배되다.

1611 광해군 3년
3.17 과거에서 임숙영이 올린 글이 방자하다 하여 급제자 명부에서 삭제토록 명하다.
3.26 정인홍이 소를 올려 이황, 이언적의 문묘 종사를 비판하다.
4.10 성균관 유생 이무 등이 정인홍을 청금록(유적)에서 삭제하다.
4.13 유적 삭제의 주모자들을 유적에서 삭제하고 종신토록 금고하라 명하다. 이항복이 회퇴변척소와 관련한 왕의 태도를 엄중히 비판하다.
4.14 성균관 유생들이 공관하다.
4.20 주동자 처벌 조치 취소로 유생들이 성균관으로 복귀하다.
5.10 호패청이 호패법 실시를 기한에 행하지 않는 데 대해 문제를 제기하다.
8. 2 박자흥의 딸(박승종의 손녀이자 이이첨의 외손녀)을 세자빈으로 삼다.
8.24 이원익을 영의정으로, 이덕형을 좌의정으로, 이항복을 우의정으로 삼다.
10.11 정릉동 행궁을 경운궁이라 명명하다.

12.26 이의를 영창대군에 봉하다.

1612 광해군 4년

1.17 호패법은 아무래도 백성이 불편해 할 것 같다는 의견을 피력하다.
1.21 승정원과 사간원이 경연을 다시 열 것을 청하며 삼공이 무시되고 있다는 점과 언로를 열 것 등을 아뢰다.
2.13 황해도 병마절도사 유공량이 봉산 군수 신율의 첩보에 따라 반역 사건을 고하다.(봉산옥사)
2.22 김직재, 김백함, 황보신을 거열형에 처하다.
3.29 유팽석이 신율의 말대로 하다 죽음을 자초하다.
4. 2 권필이 풍자시를 지었다가 필화로 죽다.
4.13 황혁이 형신을 받고 죽다.
4.17 이번 옥사로 체포된 자가 340여 명에 이르다.
5. 2 영천 사람 이평이 상소해 유영경 등의 추형과 존호를 올릴 것, 공신을 책봉할 것 등을 청하다.
5. 6 이항복, 이덕형이 임해군과 관련해 전은을 주장한 데 대해 자책하다.
6. 6 유영경에 대한 추형을 승인하다.
6. 9 죄인의 처첨을 국문할 때마다 좌우에서 고문을 완화할 것을 청했으나 듣지 않다.
9. 3 봉산옥사가 마무리되다.
9.29 정인홍을 불러서 시사에 관해 의논하다.
10.19 이덕형이 백관을 거느리고 존호를 올리다.
12.16 활인서를 설치하고 전염병 구제를 위해 기도하게 하다.

1613 광해군 5년

1. 3 교하 지역을 살피고 그림으로 그려오게 하다.
2.23 양사가 합계하여 교하 관련 명을 거두고 교하 천도를 주장한 술사 이의신을 벌줄 것을 청하다.
3. 4 안위의 허위 고변이 있다.
3.12 목욕재계하고 공신들과 회맹하다. (무려 네 가지의 공신을 동시에 책봉하다.)
4.25 강도 사건으로 체포된 박응서가 역모를 고변하다.
5. 3 의금부가 안위, 조국신의 유배를 청하자 안위는 시골로 돌려보내라 하다.
5. 5 양사가 영창대군 이의를 법대로 처리하라고 청하다.
5. 6 서양갑이 승복하며 여러 사람을 끌어들이다. 이에 김제남의 관작을 삭탈하고 체포하다.
5.12 대신들과 2품 이상이 영창대군 이의의 처벌을 청하다.
5.15 종성에서 잡혀온 정협이 승복하며 다시 여러 사람을 끌어들이다.
5.16 박동량이 왕대비전에 의한 유릉 저주 사실을 진술하다.
5.22 진사 이위경이 어미의 도리, 동기의 정이 끊어졌다고 상소하다.
5.25 정조, 윤인 등이 어미의 도리가 이미 끊어졌으니 임금과 한 궁궐 안에 살 수 없다고 아뢰다.
5.26 이방석의 변 때 신덕왕후의 처리를 상고하여 아뢰게 하다.
5.29 영창대군 이의를 폐서인하다.
6. 1 김제남을 사사하다.
6.19 김응벽의 진술에 따라 선조의 능을 파보았으나 아무것도 나오지 않다.
6.21 곽재우가 상소하여 영창대군 이의의 처리를 반대하다. 동학 유생들이 상소하여 모후를 비난한 이위경, 정조, 윤인을 비판하다.
7.14 정조, 윤인을 삭탈관직하다.
8. 2 영창대군 이의를 강화도에 위리안치하다.
8. 8 이덕형이 사직 차자를 올리며 이의에 대한 전은을 청하다.
8.16 양사가 임금을 위협하고 역적을 두둔했다며 이덕형을 비판하다.
9.20 이덕형을 삭탈관직하다.
10. 9 이덕형이 시골집에 돌아가 있다가 졸하자 관작을 회복해주다.
10.29 인빈 김씨가 졸하다.

1614 광해군 6년

1.19 기자헌을 영의정으로, 정인홍을 좌의정으로, 정창연을 우의정으로 삼다.
2.10 영창대군이 살해되다.
2.21 부사직 정온이 강화 부사 정항과 정조·윤인 등을 비판하는 소를 올리자 분개하며 앞으로는 이런 잡된 소장을 들이지 말라고 하다.
5. 5 장령 배대유가 친국의 폐단, 고변자를 살려주는 폐단 등을 거론하자 분개하다.
7. 4 정온을 대정현에 유배하다.
9.14 흠경각을 중수하다.
12.15 조식에게 영의정을 추증하다.

1615 광해군 7년

2. 5 이원익이 차자를 올려 항간에 떠도는 말을 거론하며 왕대비에게 미칠 것을 우려하다.
3.21 이원익을 삭탈관직하여 문외출송하다.
4. 5 이원익을 유배하다.
5.16 사헌부의 집의 이하 관원으로 하여금 경운궁을 규찰, 검속하게 하다.
6.22 유학 조직이 상소하여 왕대비에 대한

예를 다하고 있지 않다고 비판하자 분개하다.
8.20 강경한 소를 올린 이창록을 당고개에서 참수하다.
윤 8.14 신경희를 잡아가두다.
9. 4 신경희가 졸하다.
11.10 능창군 이전을 교동에 안치하다.
11.12 정인홍을 인견하니 정인홍이 이원익을 비판하고 이이첨을 칭찬하다.
11.17 능창군 이전이 유배지에서 목을 매 자살하다.

1616 광해군 8년

2.28 숨겨야 할 일들은 〈조보〉에 내지 말라 이르다.
5. 7 황해도 관찰사 윤조원의 장계로 해주옥사가 일어나다.
8.17 원구단을 설치할 뜻을 보이다.
12.21 윤선도가 상소하여 이이첨의 전횡을 비판하다.
12.23 윤선도를 절도에 안치하다.

1617 광해군 9년

1. 4 유학 이형과 종친 귀천군, 금산군이 이이첨을 공격하고 윤선도를 옹호하는 소를 올리다.
1. 6 귀천군과 금산군을 중도부처하다.
1.20 분병조가 내약방에 떨어져 있던 격문을 올리다.
2. 1 민인길이 상소하여 격문을 지은 이(허균)가 있다고 하다.
2. 3 허균이 폐모론을 일으키기 위해 격문을 쓴 것을 왕이 알고 유야무야시키다.
3. 9 3창이 모여 시를 지으며 맹세하는 자리를 갖다. 이에 왕이 술을 내리고 장려하다.
3.19 이궁을 조성할 재목과 재정을 마련하라 명하다.(인경궁)

4.27 곽재우가 졸하다.
6.11 정원군의 옛 집에 새 궁궐을 지으라고 명하다.(경덕궁)
11. 5 유학 한보길, 박몽준 등이 상소하여 서궁의 존호를 삭제하고 호위를 없애는 등의 조처를 취할 것을 청하다.(이후 계속 비슷한 상소가 올라옴.)
11.24 이항복이 차자를 올려 폐비를 반대하다.
11.25 폐비 문제에 대한 백관의 의견을 모으도록 하다.
11.26 양사가 합계하여 기자헌을 탄핵하다.
12. 3 기로 이숭수 등 백성이 화근의 제거를 청하는 소를 올리다.
12. 4 훈련도감의 군인 등이 폐비를 청하는 소를 올리다.
12. 8 우림위, 혜민서 주부, 의정부 서리, 의원 등이 폐비를 청하는 소를 올리다.
12. 9 역관, 승문원 사자관 등이 폐비를 청하는 소를 올리다.
12.11 폐비 문제와 관련해 남인과 서인 등의 행태를 고발하는 유학 박몽준의 상소가 있다.
12.12 허균을 좌참찬으로 삼다.
12.17 기자헌을 정평에, 이항복을 용강에 유배하다.(이후 유배지를 여러 번 바꾼 끝에 이항복은 북청으로, 기자헌은 길주로 보내짐.)
12.24 기준격이 상소해 허균이 각종 역모의 주역이라 주장하다.
12.26 허균이 비밀리에 자신을 변호하는 소를 올리다.

1618 광해군 10년

1. 4 양사가 합사하여 서궁의 존호 삭감 등을 청하다.
1. 7 허균이 상소해 기자헌을 공격하다.
1. 9 전 훈도 김대하가 상소해 서궁을 곤장

죽여버리기를 청하다.
1.16 우의정 한효순이 2품 이상을 이끌고 기준격, 허균을 조사해 조치할 것을 청하다.
1.28 이후로는 서궁이라 칭하고 왕대비의 호칭을 없애도록 하라고 전교하다.
1.30 좌의정 이하 15명이 서궁 폄손 절목을 만들어 올렸으나 승인하지 않다.
2. 4 양사가 김제남의 처 노씨의 처벌과 정청 불참자의 논죄를 청하다.
3.19 폐모론이 이이첨과 허균의 두 갈래로 나뉜 상황에 대한 사관의 설명.
4. 8 궁궐 공사와 관련해 민심이 소요하고 여러 유언비어가 떠돌다.
4.18 양사 관원들이 서궁에 대한 폄손 절목을 승인하고 폐비 문제를 마무리할 것을 청하다.(이후 계속 같은 청이 이어졌으나 왕은 끝내 승인하지 않음.)
4.26 청와와 황와는 한결같이 옛 빛깔에 따라 정밀히 만들라고 명하다.
윤 4.12 후금 협공과 관련해 요동의 무원에서 자문을 보내오다.
윤 4.14 전에 봉입했던 허균과 기자헌의 소를 봉해 추국청에 내리다.
윤 4.15 명나라의 후금 정벌 전략에 대해 반대하는 견해를 내보이다.
윤 4.19 명나라 조정의 상황을 탐문해 연속적으로 보고하라고 명하다.
윤 4.23 칙서가 올 때까지 징병 문제는 기다려야 한다고 말하다. 강홍립을 도원수로 삼다.
5.13 이항복이 유배지인 북청에서 졸하다.
5.18 이항복의 관작을 회복시키고 예장하게 하다.
6.14 명나라에 우리나라의 내정이 누설되지 않게 〈조보〉를 단속하도록 하다.
6.20 명나라 경략 양호가 조선을 노골적으로

비난하며 즉각 군대를 조발할 것을 요구하는 자문을 보내오다. 비변사와 양사가 양 경략의 자문에 크게 놀라 왕의 뜻을 적극 만류하지 못한 데 대해 자책하다.

7. 4 양 경략의 요청에 따라 1만여 명의 파병 부대를 조직하다.

8.10 장령 한명욱이 비밀리에 남대문 밖에 걸린 흉서를 올리다.

8.17 의금부에 명해 허균, 기준격을 잡아 가두게 하다.

8.21 허균이 왕의 승인을 받아 왕대비궁을 범하려 했다는 사관의 설명.

8.23 김윤황이 전해 1월의 흉격은 허균이 시킨 일이라고 진술하다. 하인준이 올 1월의 흉서 또한 허균의 작품이라고 진술하다.

8.24 합사하여 속히 형벌을 시행할 것을 청하다. 친국장에서 박홍구, 이이첨 등이 한목소리로 형의 집행을 요청하다. 허균 등을 형에 처하다.

8.26 유희분 등 비변사의 대신들이 허균을 서둘러 처형한 일에 대해 문제를 제기하다.

8.28 이이첨이 소를 올려 자신을 변호하다.

9. 8 기준격에게 장형을 가하고 유배를 보내다.

9.24 의창군 이광을 위리안치하다.(이에 그는 집과 가산을 모두 바쳐 목숨을 건짐.)

11.20 두 궁궐 가운데 우선 한 곳만 공사할 것을 청했으나 불허하다.

12. 6 점쟁이 복동이에 대한 기록.

1619 광해군 11년

2.21 조선군이 압록강을 건너다.

3. 3 두 궁궐의 공사에 적극적이지 않은 행태에 분개하다.

3. 4 심하전투에서 패전하다.

3.12 평안도 관찰사가 심하 패전에 대해 보고하다.

4. 2 비변사가 강홍립의 직명 삭제와 가족의 구금을 청했으나 직명만 삭제하게 하다.

4. 3 명나라 경략 양호가 속국의 의리를 지킨 조선을 치하하는 계첩을 보내오다.

4. 9 도와주면 화친을 맺고 전쟁을 그치겠다는 누르하치의 서신이 오다.

6.21 심한 안질을 앓다.

7. 1 이이첨이 후금 사신의 머리를 베고 서신을 불태워야 한다고 강경한 주장을 펼치다.

8. 5 명나라가 조선을 고무하는 칙서와 함께 은 1만 냥을 보내오다.

8.24 경덕궁 공사의 현황을 살피다.

12.19 말로 물리치겠는가, 붓으로 공격하겠는가라며 신하들의 대후금 강경론을 질책하다.

12.20 각 진에서 남는 군량을 궁궐 공사에 충당케 하다.

12.29 정원군이 졸하다.

1620 광해군 12년

3.21 영건도감이 재료가 부족하다는 이유로 청기와 제작을 멈출 것을 청했으나 불허하다.

6. 7 궁궐 공사의 재원을 마련하기 위해서 공명첩, 면역첩, 추증첩, 부인첩까지 팔다.

8.29 기자헌을 풀어주다.

10.30 명나라 경략 양호가 군형을 받고 파직되었다는 소식이 있다.

1621 광해군 13년

2.11 적들로 하여금 한강에서 말에게 물 먹이는 일이 없도록 하라고 명하자 비변사가 대의와 대세를 거론하며 무너질지라도 대의를 저버릴 수 없다고 하다.

윤 2.13 기준격을 병조 좌랑으로 삼다.

3.13 후금이 심양을 함락하다.

3.20 후금이 요양을 함락하다.

4.12 음양설에 따라 척서 맞이를 늦추곤 하는 왕에 대한 기록.

5.29 풍랑으로 표류된 진위사의 행방을 수소문할 것을 전교하다.

6. 6 요동 상황과 관련하여 문무관들의 태도를 비판하고, 고려와 같은 처신을 해야 한다고 하다.

6.23 명나라 사신들이 탄 배가 여순항에서 파선된 경위를 조사하라고 명하다.

7.25 모문룡의 진강 사건에 대해 의논하게 하다.

9. 3 조선 사신이 탄 배가 부서져 후금의 포로가 되다. 명나라에 보낸 자문을 보고 분개한 후금 측에서 47명을 죽이다.

9.10 누르하치가 조선과는 원수진 일이 없다며 자식들에게도 화친의 필요를 말했다는 정보가 있다.

12.22 후금이 명나라 장수 모문룡의 압송을 요구하다.

1622 광해군 14년

1. 4 평안도 관찰사에게 명해 모문룡에게 해도로 숨도록 타이르라고 하다.

1.13 비변사의 태업에 대해 힐난하다.

4.10 비변사에 성실한 업무 수행을 촉구하다.

4.24 위기가 닥쳤는데 나오지 않는 대신을 꾸짖다.

6.27 사서 보기를 좋아하고, 그중에서도 우리 나라의 역사책 보기를 더 좋아한다고 말하다.

7.28 불러도 오지 않는 영의정 박승종에 대해 분개하다.

11.11 철산 부사가 모문룡이 가도로 들어갔다고 보고서를 올리다.

12.23 장령 이시정 등이 이귀와 김자점 등이

역모를 꾀한다는 것과 대사헌 남근이 그들을
두둔했다고 비밀리에 아뢰다.
12.24 양사가 합계해 이귀와 김자점을 잡아
가두고 추국할 것을 청했으나 풍문만으로
옥사를 일으킬 수는 없다며 듣지 않다.

1623 광해군 15년

1. 4 전 평산 부사 이귀가 상소하여 대간들과
대질시켜달라고 청하다. 대간들이 무고를
주장한 이귀를 비난하다.
1.21 올 한 해는 도성 안에 집 짓는 일을
금하도록 하다.
2.27 병 조섭을 위해 급하지 않은 일은
입계하지 말라 이르다.
3.12 이이반이 상소하여 이날 반역이 있을
것이라 하다. 인조반정이 일어나다. 왕은
안국신의 집에 숨었으나 이내 잡혀오다.
3.13 사신을 보내 평안도 관찰사 박엽,
의주부 윤 정준을 베다.
3.14 왕대비가 왕을 폐하여 광해군으로 삼고
능양군이 왕위를 계승케 하다.

조선과 세계

조선사

- 1608 광해군 즉위
- 1609 일본과 기유약조 체결
- 1610 비변사, 호패법 실시 건의
- 1611 성균관, 정인홍을 유적에서 삭제
- 1612 봉산옥사
- 1613 허준,《동의보감》간행
- 1614 영창대군 사망
- 1615 이원익 유배
- 1616 인경궁 터를 인왕산 기슭으로 정함
- 1617 곽재우 사망
- 1618 후금이 조선에 원병 파견 요청
- 1619 강홍립의 조선군이 후금에 투항
- 1620 벼슬을 팔아 궁궐 공사 재원 마련
- 1621 조선 사신들이 후금의 포로가 됨
- 1622 모문룡, 가도에 주둔
- 1623 인조반정

세계사

- 네덜란드, 한스 리퍼르세이, 망원경 발명
- 이탈리아, 갈릴레이, 망원경으로 천체 관측
- 프랑스, 루이 13세 즉위
- 영국, 성서 번역 완료
- 일본, 천주교 박해 시작
- 러시아, 로마노프 왕조 성립
- 일본, 도쿠가와 이에야스, 도요토미 가문 공격
- 에스파냐, 세르반테스,《돈키호테》완성
- 누르하치, 후금 건국
- 명, 전국에 대기근 발생
- 유럽, 30년전쟁 시작
- 북아메리카 제임스타운에 최초의 흑인 노예 이주
- 영국, 메이플라워호 북아메리카에 상륙
- 후금, 심양을 함락
- 네덜란드, 마카오 공략
- 일본, 도쿠가와 이에미쓰, 3대 쇼군 즉위

The Veritable Records of the Joseon Dynasty

In the Joseon Dynasty, there were always officials who followed and monitored the king. They slept in the room adjacent to where the king slept, and they attended every meeting the king held. The king could not go hunting or meet a person secretly without these officials being present.

These officials were called 'Sagwan,' and they observed and recorded all details of daily events involving the king in turns, things that the king said, and things that happened to him. The drafts created by them were called 'Sacho.' Even the king himself was not allowed to read those drafts, and the compilation process only began after the king's death.

When the king passed away, the highest ranking governmental official would be appointed as the chief historical compiler. A research team would collect all the drafts and relevant supporting materials, select important records with historical significance, and organize them in a chronological order. The finished product was usually called 'Sillok,' which means veritable records.

The Veritable Records of the Joseon Dynasty features a most magnificent scale, as it is a record of all the events that occurred over 472 years, from the reign of King Taejo to the reign of the 25th King Cheoljong (1392~1863). It consists of 1,893 volumes and 888 books (total of 64 million Chinese characters). It was registered as a World Cultural Heritage in Records, by UNESCO in 1997.

Source: A Korean History for International Readers, Humanist, 2010.

Summary
The Daily Records of Gwanghaegun

The Monarch Trapped in his Own Experiences

Unlike Seonjo's first son who was aggressive by nature, his second son Gwanghaegun was bright and well-mannered. Because of this, Seonjo's ministers recommended Gwanghaegun become the crown prince, but Seonjo rejected their proposal because he favored his other son, Gwanghaegun's younger stepbrother. However, at the outbreak of the Hideyoshi Invasion (Imjin Waeran), Seonjo appointed Gwanghaegun as the crown prince, divided the government into two parts and made Gwanghaegun responsible for one of the halves.

When Seonjo abandoned the palace and fled to Uiju, Gwanghaegun led the government out from the territory occupied by enemy and settled public sentiment. After the war, both the public and government officials threw their support behind Gwanghaegun. Reigning Seonjo—who was hated by many for fleeing during wartime—became jealous of the support his son experienced. In the years that followed, Gwanghaegun acted carefully and humbly because his father's jealousy made him feel insecure in his position as crown prince.

When Gwanghaegun ascended the throne at age 34, he travelled across the country as much as Taejo, the founder of the dynasty. He was an excellent king, in part, because he had experienced before he ascended to the throne. During the early days of his reign, Gwanghaegun implemented a range of reform policies and pursued practical interests and autonomous diplomatic policy between the declining Ming Empire and the rising Qing Empire in China. Central officials who were pro-Ming China resisted this foreign policy because they argued that Joseon was indebted to the Ming. Gwanghaegun devastated livelihoods of the people by collecting heavy taxes to reconstruct Gyeongdeok palace and Injeong palace after reconstructing Changdeok palace.

However, in the end, Gwanghaegun's reign collapsed because of the harsh sentences he handed down. As a result of his years as an insecure crown prince, Gwanghaegun would sentence people to death in prison if he even had the slightest suspicion that they were disloyal. He led investigations himself and used torture to interrogate suspects, which led to hundreds of deaths. This abuse of power prompted the Westerner faction that supported Neungyanggun (Injo) to stage the rebellion that overthrew Gwanghaegun.

세계기록유산, 《조선왕조실록》

《조선왕조실록》이란?

《조선왕조실록》은 국보 제151호이자 유네스코 세계기록유산(1997년 지정)으로 조선 건국에서부터 철종까지 472년간을 편년체로 서술한 역사 기록물이다. 총 1,893권, 888책이며, 한글로 번역할 경우 300여 쪽의 단행본 400권을 훌쩍 넘는 분량이다. 철종 이후의 기록인 《고종실록》과 《순종실록》도 있으나 이것은 일본의 지배하에 편찬된 터라 통상 《조선왕조실록》으로 분류하지 않는다. 《단종실록》, 《연산군일기》, 《선조실록》, 《철종실록》처럼 기록이 부실한 경우도 있는데 정변이나 전쟁, 세도정치라는 시대 상황이 낳은 결과이다. 또한 《선조수정실록》, 《현종개수실록》, 《숙종실록보궐정오》, 《경종수정실록》처럼 뒷날에 집권한 당파의 요구에 의해 새로 편찬된 경우도 있다. 하지만 원본인 《선조실록》, 《현종실록》, 《숙종실록》, 《경종실록》을 폐기하지 않고 함께 보존함으로써 당대를 더욱 정확히 알게 해준다. 이렇듯 《조선왕조실록》은 그 기록의 풍부함과 엄정함에 더해 놀라운 기록 보존 정신까지 보여주는 우리 선조들의 위대한 유산이다.

《조선왕조실록》은 어떻게 기록되었나?

조선은 왕이 사관이 없는 자리에서 관리를 만나는 것을 엄격히 금지했다. 또한 왕은 원칙적으로 사관의 기록(사초)을 볼 수 없었다. 신하들도 마찬가지여서 실록청 담당관을 제외하고는 누구도 볼 수 없었다. 그래서 사관들은 왕이나 권력자의 눈치를 보지 않고 보고 들은 일들을 있는 그대로 기록할 수 있었다. 왕이 죽으면 실록청이 만들어지고 모든 사관의 사초가 제출된다. 여기에 여타 관청의 기록까지 참조하여 실록이 편찬된다. 해당 실록이 완성되고 나면 사초는 모두 물에 씻겨졌다(세초). 이렇게 만들어진 실록은 여러 곳의 사고에 나누어 보관되는데, 이 또한 후대 왕은 물론 신하들도 열람할 수 없도록 했다. 선대의 왕들에 대한 기록이나 평가로 인해 필화 사건이 생기지 않도록 한 것이다. 이 같은 원칙들이 철저히 지켜졌기에 《조선왕조실록》이 오늘날까지 존재할 수 있었다.

도움을 받은 책들

《국역 조선왕조실록 CD-ROM》, 서울시스템주식회사, 1995.
강재언, 《선비의 나라 한국 유학 2천년》, 한길사, 2003.
고려대 민족문화연구원 한국사상연구소 편, 《자료와 해설 한국의 철학사상》, 예문서원, 2002.
김경수, 《'언론'이 조선왕조 500년을 일구었다》, 가람기획, 2000.
김문식·김정호, 《조선의 왕세자 교육》, 김영사, 2003.
김희영, 《이야기 중국사》, 청아출판사, 1996.
류성룡 지음, 김흥식 옮김, 《징비록》, 서해문집, 2005.
박덕규 편저, 《중국 역사 이야기》 13, 일송북, 2006.
박영규, 《조선의 왕실과 외척》, 김영사, 2003.
박영규, 《한 권으로 읽는 조선왕조실록》, 들녘, 1996.
신명호, 《조선의 왕》, 가람기획, 1998.
윤정란, 《조선의 왕비》, 차림, 1999.
이덕일, 《사화로 보는 조선 역사》, 석필, 1998.
이성무, 《조선시대 당쟁사》 1, 동방미디어, 2002.
이성무, 《조선왕조사》 1, 동방미디어, 1998.
이이화, 《이야기 인물 한국사》 5, 한길사, 1993.
이이화, 《이이화의 한국사 이야기》 11, 한길사, 2000.
이종범, 《사림열전》 1, 아침이슬, 2006.
장영훈, 《왕릉풍수와 조선의 역사》, 대원미디어, 2000.
조재현 옮김, 《계축일기》, 서해문집, 2005.
최범서, 《야사로 보는 조선의 역사》 2, 가람기획, 2004.
하일식, 《연표와 사진으로 보는 한국사》, 일빛, 2000.
한국고문서학회, 《조선시대 생활사》, 역사비평사, 1996.
한국생활사박물관 편찬위원회, 《한국생활사박물관》 9, 사계절, 2003.
한형조, 《왜 동양철학인가》, 문학동네, 2000.
허경진, 《허균평전》, 돌베개, 2006.
홍순민, 《우리 궁궐 이야기》, 청년사, 2002.

박시백의 조선왕조실록 11 광해군일기

1판 1쇄 발행일 2008년 1월 14일
2판 1쇄 발행일 2015년 6월 22일
3판 1쇄 발행일 2021년 3월 15일
4판 1쇄 발행일 2024년 6월 24일

지은이 박시백

발행인 김학원
발행처 (주)휴머니스트출판그룹
출판등록 제313-2007-000007호(2007년 1월 5일)
주소 (03991) 서울시 마포구 동교로23길 76(연남동)
전화 02-335-4422 **팩스** 02-334-3427
저자·독자 서비스 humanist@humanistbooks.com
홈페이지 www.humanistbooks.com
유튜브 youtube.com/user/humanistma **포스트** post.naver.com/hmcv
페이스북 facebook.com/hmcv2001 **인스타그램** @humanist_insta

편집주간 황서현 **편집** 최인영 박나영 강창훈 김선경 이영란 **디자인** 김태형 **사진** 권태균 **영문 초록** 윤권교
번역 감수 김동택 David Elkins **조판** 프린웍스 **용지** 화인페이퍼 **인쇄** 삼조인쇄 **제본** 해피문화사

ⓒ 박시백, 2024

ISBN 979-11-7087-173-6 07910
ISBN 979-11-7087-162-0 07910(세트)

• 이 책은 저작권법에 따라 보호받는 저작물이므로 무단 전재와 무단 복제를 금합니다.
• 이 책의 전부 또는 일부를 이용하려면 반드시 저자와 (주)휴머니스트출판그룹의 동의를 받아야 합니다.

조선왕조실록 연표
광해군

- 광해군 즉위

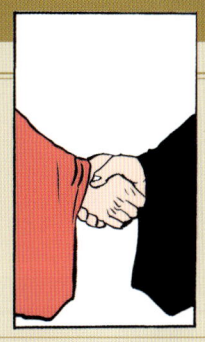
- 일본과 기유약조 체결

- 봉산옥사
  7개월 간 340여 명 체포

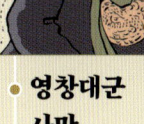
- 영창대군 사망

- 허균 처형

- 후금, 심양과 요양 함락

- 광해군 폐위, 교동도에 안치

1608	1609	1610	1612	1613	1614	1616	1618	1619	1621	1623
(광해 즉위년)	(광해 1)	(광해 2)	(광해 4)	(광해 5)	(광해 6)	(광해 8)	(광해 10)	(광해 11)	(광해 13)	(광해 15)

- 경기도에서 대동법 실시
  선혜청 설치,
  이후 전국으로 확대

- 오현 문묘 종사
  김굉필, 정여창, 조광조,
  이언적, 이황

- 계축옥사
  영창대군 폐서인,
  강화도에 위리안치

- 후금(대금) 건국

- 심하 전투 패전
  후금과의 전투에서
  조·명 연합군 패배, 강홍립 투항

- 인조반정

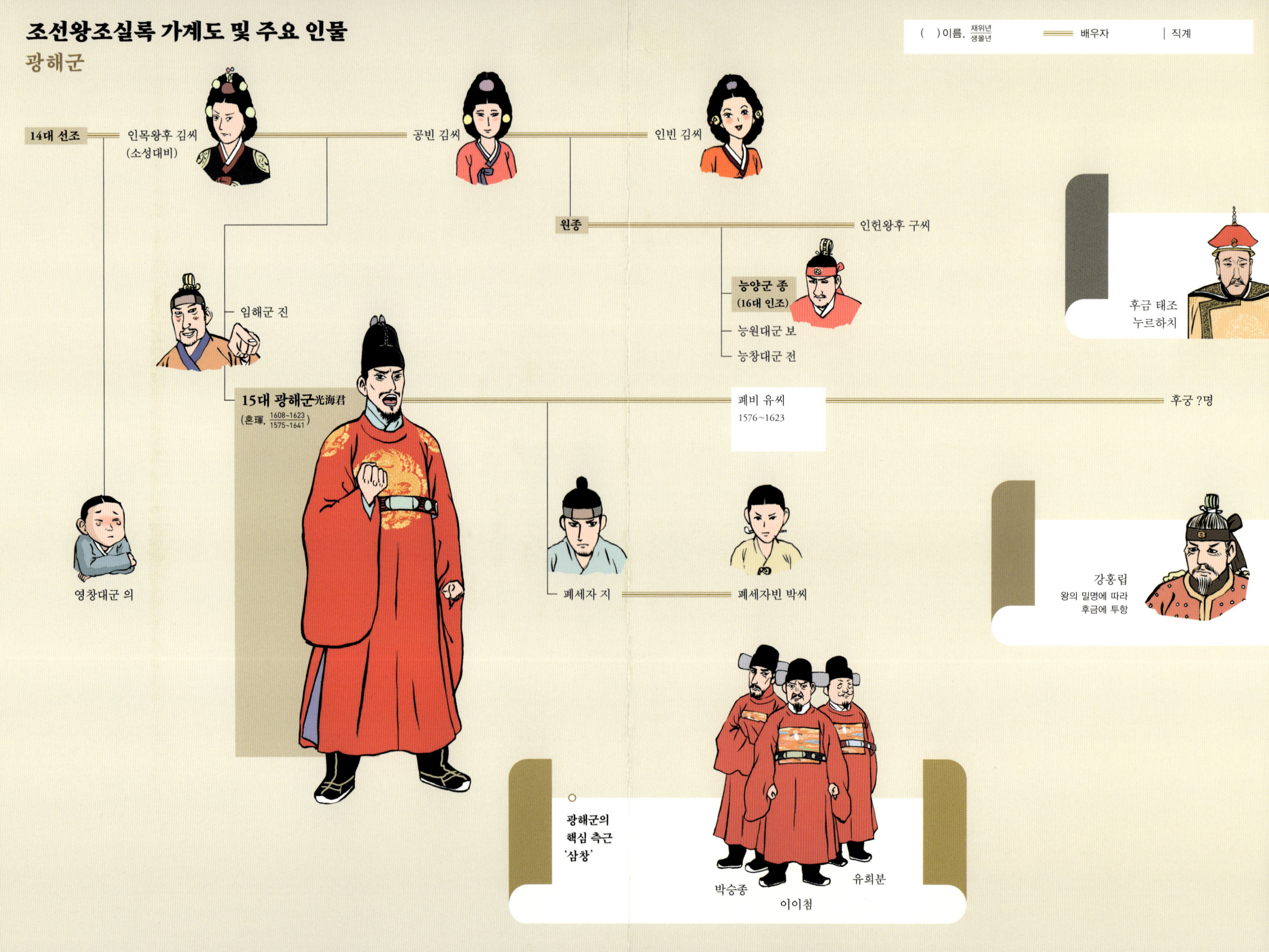